*Das 2. prophetische Buch
aus dem Alten Testament
der Bibel*

Der Prophet Jeremia

*Ein Aufruf an die Menschen,
umzukehren*

*Übersetzung nach
Martin Luther 1545*

*Bibliografische Information der Deutschen Nationalbibliothek:
Die Deutsche Nationalbibliothek verzeichnet diese Publikation
in der Deutschen Nationalbibliografie; detaillierte bibliografische Daten sind im Internet über http://dnb.dnb.de abrufbar.*

*TWENTYSIX – Der Self-Publishing-Verlag
Eine Kooperation zwischen der Verlagsgruppe Random House
und BoD – Books on Demand*

*Herstellung und Verlag:
BoD – Books on Demand, Norderstedt*

ISBN: 978-3-740-76860-7

Layout, Schriftsatz, Formatierung:
Antonia Katharina Tessnow
www.antonia-katharina.de

1. Kapitel

Jeremia wird zum Propheten berufen

1 Dies sind die Reden Jeremia's, des Sohnes Hilkias, aus den Priestern zu Anathoth im Lande Benjamin,

2 zu welchem geschah das Wort des HERRN zur Zeit Josias, des Sohnes Amons, des Königs in Juda, im dreizehnten Jahr seines Königreichs,

3 und hernach zur Zeit des Königs in Juda, Jojakims, des Sohnes Josias, bis ans Ende des elften Jahres Zedekias, des Sohnes Josias, des Königs in Juda, bis auf die Gefangenschaft Jerusalems im fünften Monat.

4 Und des HERRN Wort geschah zu mir und sprach:

5 Ich kannte dich, ehe denn ich dich im Mutterleibe bereitete, und sonderte dich aus, ehe denn du von der Mutter geboren wurdest, und stellte dich zum Propheten unter die Völker.

6 Ich aber sprach: Ach HERR HERR, ich tauge nicht, zu predigen; denn ich bin zu jung.

7 Der HERR sprach aber zu mir: Sage nicht: "Ich bin zu jung"; sondern du sollst gehen, wohin ich dich sende, und predigen, was ich dich heiße.

8 Fürchte dich nicht vor ihnen; denn ich bin bei dir und will dich erretten, spricht der HERR.

9 Und der HERR reckte seine Hand aus und rührte meinen Mund an und sprach zu mir: Siehe, ich lege meine Worte in deinen Mund.

10 Siehe, ich setze dich heute dieses Tages über Völker und Königreiche, daß du ausreißen, zerbrechen, verstören und verderben sollst und bauen und pflanzen.

11 Und es geschah des HERRN Wort zu mir und sprach: Jeremia, was siehst du? Ich sprach: Ich sehe einen erwachenden Zweig.

12 Und der HERR sprach zu mir: Du hast recht gesehen; denn ich will wachen über mein Wort, daß ich's tue.

13 Und es geschah des HERRN Wort zum andernmal zu mir und sprach: Was siehst du? Ich sprach: Ich sehe einen heißsiedenden Topf von Mitternacht her.

14 Und der HERR sprach zu mir: Von Mitternacht wird das Unglück ausbrechen über alle, die im Lande wohnen.

15 Denn siehe, ich will rufen alle Fürsten in den Königreichen gegen Mitternacht, spricht der HERR, daß sie kommen sollen und ihre Stühle setzen vor die Tore zu Jerusalem und rings um die Mauern her und vor alle Städte Juda's.

16 Und ich will das Recht lassen über sie gehen um all ihrer Bosheit willen, daß sie mich verlassen und räuchern andern Göttern und beten an ihrer Hände Werk.

17 So begürte nun deine Lenden und mache dich auf und predige ihnen alles, was ich dich

heiße. Erschrick nicht vor ihnen, auf daß ich dich nicht erschrecke vor ihnen;

18 denn ich will dich heute zur festen Stadt, zur eisernen Säule, zur ehernen Mauer machen im ganzen Lande, wider die Könige Juda's, wider ihre Fürsten, wider ihre Priester, wider das Volk im Lande,

19 daß, wenn sie gleich wider dich streiten, sie dennoch nicht sollen wider dich siegen; denn ich bin bei dir, spricht der HERR, daß ich dich errette.

2. Kapitel

Israels Undankbarkeit und Züchtigung

1 Und des HERRN Wort geschah zu mir und sprach:

2 Gehe hin und predige öffentlich zu Jerusalem und sprich: So spricht der HERR: Ich gedenke, da du eine freundliche, junge Dirne und eine liebe Braut warst, da du mir folgtest in der Wüste, in dem Lande, da man nichts sät,

3 da Israel des HERRN eigen war und seine erste Frucht. Wer sie fressen wollte, mußte Schuld haben, und Unglück mußte über ihn kommen, spricht der HERR.

4 Hört des HERRN Wort, ihr vom Hause Jakob und alle Geschlechter vom Hause Israel.

5 So spricht der HERR: Was haben doch eure Väter Unrechtes an mir gefunden, daß sie von mir wichen und hingen an den unnützen Götzen, da sie doch nichts erlangten?

6 und dachten nie einmal: Wo ist der HERR, der uns aus Ägyptenland führte und leitete uns in der Wüste, im wilden, ungebahnten Lande, im dürren und finstern Lande, in dem Lande, da niemand wandelte noch ein Mensch wohnte?

7 Und ich brachte euch in ein gutes Land, daß ihr äßet seine Früchte und Güter. Und da ihr hineinkamt, verunreinigtet ihr mein Land und machtet mir mein Erbe zum Gräuel.

8 Die Priester gedachten nicht: Wo ist der HERR? und die das Gesetz treiben, achteten mein nicht, und die Hirten führten die Leute von mir, und die Propheten weissagten durch Baal und hingen an den unnützen Götzen.

9 Darum muß ich noch immer mit euch und mit euren Kindeskindern hadern, spricht der HERR.

10 Gehet hin in die Inseln Chittim und schauet, und sendet nach Kedar und merket mit Fleiß und schauet, ob's daselbst so zugeht!

11 Ob die Heiden ihre Götter ändern, wiewohl sie doch nicht Götter sind! Und mein Volk hat doch seine Herrlichkeit verändert um einen unnützen Götzen.

12 Sollte sich doch der Himmel davor entsetzen, erschrecken und sehr erbeben, spricht der HERR.

13 Denn mein Volk tut eine zwiefache Sünde: mich, die lebendige Quelle, verlassen sie und machen sich hier und da ausgehauenen Brunnen, die doch löcherig sind und kein Wasser geben.

14 Ist denn Israel ein Knecht oder Leibeigen, daß er jedermanns Raub sein muß?

15 Denn Löwen brüllen über ihn und schreien und verwüsten sein Land, und seine Städte werden verbrannt, daß niemand darin wohnt.

16 Dazu zerschlagen die von Noph und Thachpanhes dir den Kopf.

17 Solches machst du dir selbst, weil du den HERRN, deinen Gott, verläßt, so oft er dich den rechten Weg leiten will.

18 Was hilft's dir, daß du nach Ägypten ziehst und willst vom Wasser Sihor trinken? Und was hilft's dir, daß du nach Assyrien ziehst und willst vom Wasser des Euphrat trinken?

19 Es ist deiner Bosheit Schuld, daß du so gestäupt wirst, und deines Ungehorsams, daß du so gestraft wirst. Also mußt du innewerden und erfahren, was es für Jammer und Herzeleid bringt, den HERRN, deinen Gott, verlassen und ihn nicht fürchten, spricht der HERR HERR Zebaoth.

20 Denn du hast immerdar dein Joch zerbrochen und deine Bande zerrissen und gesagt: Ich will nicht unterworfen sein! sondern auf allen hohen Hügeln und unter allen grünen Bäumen liefst du den Götzen nach.

21 Ich aber hatte dich gepflanzt zu einem süßen Weinstock, einen ganz rechtschaffenen Samen. Wie bist du mir denn geraten zu einem bittern, wilden Weinstock?

22 Und wenn du dich gleich mit Lauge wüschest und nähmest viel Seife dazu, so gleißt doch deine Untugend desto mehr vor mir, spricht der HERR HERR.

23 Wie darfst du denn sagen: Ich bin nicht unrein, ich hänge nicht an den Baalim? Siehe an, wie du es treibst im Tal, und bedenke, wie du es ausgerichtet hast.

24 Du läufst umher wie eine Kamelstute in der Brunst, und wie ein Wild in der Wüste pflegt, wenn es vor großer Brunst lechzt und läuft, daß es niemand aufhalten kann. Wer's wissen will, darf nicht weit laufen; am Feiertage sieht man es wohl.

25 Schone doch deiner Füße, daß sie nicht bloß, und deines Halses das er nicht durstig werde. Aber du sprichst: Da wird nichts draus; ich muß mit den Fremden buhlen und ihnen nachlaufen.

26 Wie ein Dieb zu Schanden wird, wenn er ergriffen wird, also wird das Haus Israel zu Schanden werden samt ihren Königen, Fürsten, Priestern und Propheten,

27 die zum Holz sagen: Du bist mein Vater, und zum Stein: Du hast mich gezeugt. Denn sie kehren mir den Rücken zu und nicht das

Angesicht. Aber wenn die Not hergeht, sprechen sie: Auf, und hilf uns!

28 Wo sind aber dann deine Götter, die du dir gemacht hast? Heiße sie aufstehen; laß sehen, ob sie dir helfen können in deiner Not! Denn so manche Stadt, so manchen Gott hast du, Juda.

29 Was wollt ihr noch recht haben wider mich? Ihr seid alle von mir abgefallen, spricht der HERR.

30 Alle Schläge sind verloren an euren Kindern; sie lassen sich doch nicht ziehen. Denn euer Schwert frißt eure Propheten wie ein wütiger Löwe.

31 Du böse Art, merke auf des HERRN Wort! Bin ich denn für Israel eine Wüste oder ödes Land? Warum spricht denn mein Volk: Wir sind die Herren und müssen dir nicht nachlaufen?

32 Vergißt doch eine Jungfrau ihres Schmuckes nicht, noch eine Braut ihres Schleiers; aber mein Volk vergißt mein ewiglich.

33 Was beschönst du viel dein Tun, daß ich dir gnädig sein soll? Unter solchem Schein treibst du je mehr und mehr Bosheit.

34 Überdas findet man Blut der armen und unschuldigen Seelen bei dir an allen Orten, und das ist nicht heimlich, sondern offenbar an diesen Orten.

35 Doch sprichst du: Ich bin unschuldig; er wende seinen Zorn von mir. Siehe, ich will mit dir rechten, daß du sprichst: Ich habe nicht gesündigt.

36 Wie weichst du doch so gern und läufst jetzt dahin, jetzt hierher! Aber du wirst an Ägypten zu Schanden werden, wie du an Assyrien zu Schanden geworden bist.

37 Denn du mußt von dort auch wegziehen und deine Hände über dem Haupt zusammenschlagen; denn der Herr wird deine Hoffnung trügen lassen, und nichts wird dir bei ihnen gelingen.

3. Kapitel

Aufforderung zur Buße. Verheißung göttlicher Gnade.

1 Und er spricht: Wenn sich ein Mann von seinem Weibe scheidet, und sie zieht von ihm und nimmt einen andern Mann, darf er sie auch wieder annehmen? Ist's nicht also, daß das Land verunreinigt würde? Du aber hast mit vielen Buhlen gehurt; doch komm wieder zu mir; spricht der HERR.

2 Hebe deine Augen auf zu den Höhen und siehe, wie du allenthalben Hurerei treibst. An den Straßen sitzest du und lauerst auf sie wie ein Araber in der Wüste und verunreinigst das Land mit deiner Hurerei und Bosheit.

3 Darum muß auch der Frühregen ausbleiben und kein Spätregen kommen. Du hast eine Hurenstirn, du willst dich nicht mehr schämen

4 und schreist gleichwohl zu mir: "Lieber Vater, du Meister meiner Jugend!

5 willst du denn ewiglich zürnen und nicht vom Grimm lassen?" Siehe, so redest du, und tust Böses und lässest dir nicht steuern. [Ja, so hast du geredet, dabei aber das Böse verübt und es durchgesetzt. (1)]

6 Und der HERR sprach zu mir zu der Zeit des Königs Josia: Hast du auch gesehen, was Israel, die Abtrünnige, tat? Sie ging hin auf alle hohen Berge und unter alle grünen Bäume und trieb daselbst Hurerei.

7 Und ich sprach, da sie solches alles getan hatte: Bekehre dich zu mir. Aber sie bekehrte sich nicht. Und obwohl ihre Schwester Juda, die Verstockte, gesehen hat,

8 wie ich der Abtrünnigen Israel Ehebruch gestraft und sie verlassen und ihr einen Scheidebrief gegeben habe: dennoch fürchtet sich ihre Schwester, die verstockte Juda, nicht, sondern geht hin und treibt auch Hurerei.

9 Und von dem Geschrei ihrer Hurerei ist das Land verunreinigt; denn sie treibt Ehebruch mit Stein und Holz.

10 Und in diesem allem bekehrt sich die verstockte Juda, ihre Schwester, nicht zu mir von ganzem Herzen, sondern heuchelt also, spricht der HERR.

11 Und der HERR sprach zu mir: Die abtrünnige Israel ist fromm gegen die verstockte Juda.

12 Gehe hin und rufe diese Worte gegen die Mitternacht und sprich: Kehre wieder, du abtrünnige Israel, spricht der HERR, so will ich mein Antlitz nicht gegen euch verstellen. Denn ich bin barmherzig, spricht der HERR, und ich will nicht ewiglich zürnen.

13 Allein erkenne deine Missetat, daß du wider den HERRN, deinen Gott, gesündigt hast und bist hin und wieder gelaufen zu den fremden Göttern unter allen grünen Bäumen und habt meiner Stimme nicht gehorcht, spricht der HERR.

14 Bekehret euch nun ihr abtrünnigen Kinder, spricht der HERR; denn ich will euch mir vertrauen und will euch holen, einen aus einer Stadt und zwei aus einem Geschlecht, und will euch bringen gen Zion

15 und will euch Hirten geben nach meinem Herzen, die euch weiden sollen mit Lehre und Weisheit.

16 Und es soll geschehen, wenn ihr gewachsen seid und euer viel geworden sind im Lande, so soll man, spricht der HERR, zur selben Zeit nicht mehr sagen von der Bundeslade des HERRN, auch ihrer nicht mehr gedenken noch davon predigen noch nach ihr fragen, und sie wird nicht wieder gemacht werden;

17 sondern zur selben Zeit wird man Jerusalem heißen "Des HERRN Thron", und es werden sich dahin sammeln alle Heiden um des Namens des HERRN willen zu Jerusalem und werden nicht

mehr wandeln nach den Gedanken ihres bösen Herzens.

18 Zu der Zeit wird das Haus Juda gehen zum Hause Israel, und sie werden miteinander kommen von Mitternacht in das Land, das ich euren Vätern zum Erbe gegeben habe.

19 Und ich sagte dir zu: Wie will ich dir so viel Kinder geben und das liebe Land, das allerschönste Erbe unter den Völkern! Und ich sagte dir zu: Du wirst alsdann mich nennen "Lieber Vater!" und nicht von mir weichen.

20 Aber das Haus Israel achtete mich nicht, gleichwie ein Weib ihren Buhlen nicht mehr achtet, spricht der HERR.

21 Darum hört man ein klägliches Heulen und Weinen der Kinder Israel auf den Höhen, dafür daß sie übel getan und des HERRN, ihres Gottes, vergessen haben.

22 So kehret nun wieder, ihr abtrünnigen Kinder, so will ich euch heilen von eurem Ungehorsam. Siehe wir kommen zu dir; denn du bist der HERR, unser Gott.

23 Wahrlich, es ist eitel Betrug mit Hügeln und mit allen Bergen. Wahrlich, es hat Israel keine Hilfe denn am HERRN, unserm Gott.

24 Und die Schande hat gefressen unsrer Väter Arbeit von unsrer Jugend auf samt ihren Schafen, Rindern, Söhnen und Töchtern.

25 Denn worauf wir uns verließen, das ist uns jetzt eitel Schande, und wessen wir uns trösteten, des müssen wir uns jetzt schämen. Denn wir

sündigten damit wider den HERRN, unsern Gott, beide, wir und unsre Väter, von unsrer Jugend auf, auch bis auf diesen heutigen Tag, und gehorchten nicht der Stimme des HERRN, unsers Gottes.

4. Kapitel

Wiederholte Bußpredigt. Weissagung von Verheerung des jüdischen Landes. Trauer des Propheten.

1 Willst du dich, Israel, bekehren, spricht der HERR, so bekehre dich zu mir. Und so du deine Gräuel wegtust von meinem Angesicht, so sollst du nicht vertrieben werden.

2 Alsdann wirst du ohne Heuchelei recht und heilig schwören: So wahr der HERR lebt! und die Heiden werden in ihm gesegnet werden und sich sein rühmen.

3 Denn so spricht der HERR zu denen in Juda und zu Jerusalem: Pflügt ein Neues und säet nicht unter die Hecken.

4 Beschneidet euch dem HERRN und tut weg die Vorhaut eures Herzens, ihr Männer in Juda und ihr Leute zu Jerusalem, auf daß nicht mein Grimm ausfahre wie Feuer und brenne, daß niemand löschen könne, um eurer Bosheit willen.

5 Verkündiget in Juda und schreiet laut zu Jerusalem und sprecht: "Blaset die Drommete im Lande!" Ruft mit voller Stimme und sprecht: "Sammelt euch und laßt uns in die festen Städte ziehen!"

6 Werft zu Zion ein Panier auf; flieht und säumt nicht! Denn ich bringe ein Unglück herzu von Mitternacht und einen großen Jammer.

7 Es fährt daher der Löwe aus seiner Hecke, und der Verstörer der Heiden zieht einher aus seinem Ort, daß er dein Land verwüste und deine Städte ausbrenne, daß niemand darin wohne.

8 Darum ziehet Säcke an, klaget und heulet; denn der grimmige Zorn des HERRN will sich nicht wenden von uns.

9 Zu der Zeit, spricht der HERR, wird dem König und den Fürsten das Herz entfallen; die Priester werden bestürzt und die Propheten erschrocken sein.

10 Ich aber sprach: Ach HERR HERR! du hast's diesem Volk und Jerusalem weit fehlgehen lassen, da sie sagten: "Es wird Friede mit euch sein", so doch das Schwert bis an die Seele reicht.

11 Zu derselben Zeit wird man diesem Volk und Jerusalem sagen: "Es kommt ein dürrer Wind über das Gebirge her aus der Wüste, des Weges zu der Tochter meines Volks, nicht zum Worfeln noch zu Schwingen. (2)"

12 Ja, ein Wind kommt, der ihnen zu stark sein wird; da will ich denn auch mit ihnen rechten.

13 Siehe, er fährt daher wie Wolken, und seine Wagen sind wie Sturmwind, seine Rosse sind schneller denn Adler. Weh uns! wir müssen verstört werden."

14 So wasche nun, Jerusalem, dein Herz von der Bosheit, auf daß dir geholfen werde. Wie lange wollen bei dir bleiben deine leidigen Gedanken?

15 Denn es kommt ein Geschrei von Dan her und eine böse Botschaft vom Gebirge Ephraim.

16 Saget an den Heiden, verkündiget in Jerusalem, daß Hüter kommen aus fernen Landen und werden schreien wider die Städte Juda's.

17 Sie werden sich um sie her lagern wie die Hüter auf dem Felde; denn sie haben mich erzürnt, spricht der HERR.

18 Das hast du zum Lohn für dein Wesen und dein Tun. Dann wird dein Herz fühlen, wie deine Bosheit so groß ist.

19 Wie ist mir so herzlich weh! Mein Herz pocht mir im Leibe, und habe keine Ruhe; denn meine Seele hört der Posaunen Hall und eine Feldschlacht

20 und einen Mordschrei über den andern; denn das ganze Land wird verheert, plötzlich werden meine Hütten und meine Gezelte verstört.

21 Wie lange soll ich doch das Panier sehen und der Posaune Hall hören?

22 Aber mein Volk ist toll, und sie glauben mir nicht; töricht sind sie und achten's nicht. Weise sind sie genug, Übles zu tun; aber wohltun wollen sie nicht lernen.

23 Ich schaute das Land an, siehe, das war wüst und öde, und den Himmel, und er war finster.

24 Ich sah die Berge an, und siehe, die bebten, und alle Hügel zitterten.

25 Ich sah, und siehe, da war kein Mensch, und alle Vögel unter dem Himmel waren weggeflogen.

26 Ich sah, und siehe, das Gefilde war eine Wüste; und alle Städte darin waren zerbrochen vor dem HERRN und vor seinem grimmigen Zorn.

27 Denn so spricht der HERR: Das ganze Land soll wüst werden, und ich will's doch nicht gar aus machen.

28 Darum wird das Land betrübt und der Himmel droben traurig sein; denn ich habe es geredet, ich habe es beschlossen, und es soll mich nicht reuen, will auch nicht davon ablassen.

29 Aus allen Städten werden sie vor dem Geschrei der Reiter und Schützen fliehen und in die dicken Wälder laufen und in die Felsen kriechen; alle Städte werden verlassen stehen, daß niemand darin wohnt.

30 Was willst du alsdann tun, du Verstörte? Wenn du dich schon mit Purpur kleiden und mit

goldenen Kleinoden schmücken und dein Angesicht schminken würdest, so schmückst du dich doch vergeblich; die Buhlen werden dich verachten, sie werden dir nach dem Leben trachten.

31 Denn ich höre ein Geschrei als einer Gebärerin, eine Angst als einer, die in den ersten Kindesnöten ist, ein Geschrei der Tochter Zion, die da klagt und die Hände auswirft: "Ach, wehe mir! Ich muß fast vergehen vor den Würgern."

5. Kapitel

Mancherlei Sünden des jüdischen Volks und die darwider gedrohten Strafen.

1 Gehet durch die Gassen zu Jerusalem und schauet und erfahret und suchet auf ihrer Straße, ob ihr jemand findet, der recht tue und nach dem Glauben frage, so will ich dir gnädig sein.

2 Und wenn sie schon sprechen: "Bei dem lebendigen Gott!", so schwören sie doch falsch.

3 HERR, deine Augen sehen nach dem Glauben. Du schlägst sie, aber sie fühlen's nicht; du machst es schier aus mit ihnen, aber sie bessern sich nicht. Sie haben ein härter Angesicht denn ein Fels und wollen sich nicht bekehren.

4 Ich dachte aber: Wohlan, der arme Haufe ist unverständig, weiß nichts um des HERRN Weg und um ihres Gottes Recht.

5 Ich will zu den Gewaltigen gehen und mit ihnen reden; die werden um des HERRN Weg und ihres Gottes Recht wissen. Aber sie allesamt hatten das Joch zerbrochen und die Seile zerrissen.

6 Darum wird sie auch der Löwe, der aus dem Walde kommt, zerreißen, und der Wolf aus der Wüste wird sie verderben, und der Parder wird um ihre Städte lauern; alle, die daselbst herausgehen, wird er fressen. Denn ihrer Sünden sind zuviel, und sie bleiben verstockt in ihrem Ungehorsam.

7 Wie soll ich dir denn gnädig sein, weil mich meine Kinder verlassen und schwören bei dem, der nicht Gott ist? und nun ich ihnen vollauf gegeben habe, treiben sie Ehebruch und laufen ins Hurenhaus.

8 Ein jeglicher wiehert nach seines Nächsten Weib wie die vollen, müßigen Hengste.

9 Und ich sollte sie um solches nicht heimsuchen? spricht der HERR, und meine Seele sollte sich nicht rächen an solchem Volk, wie dies ist?

10 Stürmet ihre Mauern und werfet sie um, und macht's nicht gar aus! Führet ihre Reben weg, denn sie sind nicht des HERRN;

11 sondern sie verachten mich, beide, das Haus Israel und das Haus Juda, spricht der HERR.

12 Sie verleugnen den HERRN und sprechen: "Das ist er nicht, und so übel wird es uns nicht gehen; Schwert und Hunger werden wir nicht sehen.

13 Ja, die Propheten sind Schwätzer und haben auch Gottes Wort nicht; es gehe über sie selbst also!"

14 Darum spricht der HERR, der Gott Zebaoth: Weil ihr solche Rede treibt, siehe, so will ich meine Worte in deinem Munde zu Feuer machen, und dies Volk zu Holz, und es soll sie verzehren.

15 Siehe, ich will über euch vom Hause Israel, spricht der HERR, ein Volk von ferne bringen, ein mächtiges Volk, dessen Sprache du nicht verstehst, und kannst nicht vernehmen, was sie reden.

16 Seine Köcher sind offene Gräber; es sind eitel Helden.

17 Sie werden deine Ernte und dein Brot verzehren; sie werde deine Söhne und Töchter fressen; sie werden deine Schafe und Rinder verschlingen; sie werden deine Weinstöcke und Feigenbäume verzehren; deine festen Städte, darauf du dich verläßt, werden sie mit dem Schwert verderben.

18 Doch will ich's, spricht der HERR, zur selben Zeit mit euch nicht gar aus machen.

19 Und ob sie würden sagen: "Warum tut uns der HERR, unser Gott, solches alles?", sollst du ihnen antworten: Wie ihr mich verlaßt und den

fremden Göttern dient in eurem eigenen Lande, also sollt ihr auch Fremden dienen in einem Lande, das nicht euer ist.

20 Solches sollt ihr verkündigen im Hause Jakob und predigen in Juda und sprechen:

21 Höret zu, ihr tolles Volk, das keinen Verstand hat, die da Augen haben, und sehen nicht, Ohren haben, und hören nicht!

22 Wollt ihr mich nicht fürchten? spricht der HERR, und vor mir nicht erschrecken, der ich dem Meer den Sand zum Ufer setzte, darin es allezeit bleiben muß, darüber es nicht gehen darf? Und ob's schon wallet, so vermag's doch nichts; und ob seine Wellen schon toben, so dürfen sie doch nicht darüberfahren.

23 Aber dies Volk hat ein abtrünniges, ungehorsames Herz; sie bleiben abtrünnig und gehen immerfort weg

24 und sprechen nicht einmal in ihrem Herzen: Laßt uns doch den HERRN, unsern Gott, fürchten, der uns Frühregen und Spätregen zu rechter Zeit gibt und uns die Ernte treulich und jährlich behütet.

25 Aber eure Missetaten hindern solches, und eure Sünden wenden das Gute von euch.

26 Denn man findet unter meinem Volk Gottlose, die den Leuten nachstellen und Fallen zurichten, sie zu fangen, wie die Vogler tun.

27 Und ihre Häuser sind voller Tücke, wie ein Vogelbauer voller Lockvögel ist. Daher werden sie gewaltig und reich, fett und glatt.

28 Sie gehen mit bösen Stücken um; sie halten kein Recht, der Waisen Sache fördern sie nicht, daß auch sie Glück hätten, und helfen den Armen nicht zum Recht.

29 Sollte ich denn solches nicht heimsuchen, spricht der HERR, und meine Seele sollte sich nicht rächen an solchem Volk, wie dies ist?

30 Es steht gräulich und schrecklich im Lande.

31 Die Propheten weissagen falsch, und die Priester herrschen in ihrem Amt, und mein Volk hat's gern also. Wie will es euch zuletzt darob gehen?

6. Kapitel

Über das sichere Volk und seine Verführer kommen grausame Feinde.

1 Fliehet, ihr Kinder Benjamin, aus Jerusalem und blaset die Drommete auf der Warte Thekoa und werft auf ein Panier über der Warte Beth-Cherem! denn es geht daher ein Unglück von Mitternacht und ein großer Jammer.

2 Die Tochter Zion ist wie eine schöne und lustige Aue.

3 Aber es werden die Hirten über sie kommen mit ihren Herden, die werden Gezelte rings um sie her aufschlagen und weiden ein jeglicher an seinem Ort und sprechen:

4 "Rüstet euch zum Krieg wider sie! Wohlauf, laßt uns hinaufziehen, weil es noch hoch Tag ist! Ei, es will Abend werden, und die Schatten werden groß!

5 Wohlan, so laßt uns auf sein, und sollten wir bei Nacht hinaufziehen und ihre Paläste verderben!"

6 Denn also spricht der HERR Zebaoth: Fällt die Bäume und werft einen Wall auf wider Jerusalem; denn sie ist eine Stadt, die heimgesucht werden soll. Ist doch eitel Unrecht darin.

7 Denn gleichwie ein Born sein Wasser quillt, also quillt auch ihre Bosheit. Ihr Frevel und Gewalt schreit über sie, und ihr Morden und Schlagen treiben sie täglich vor mir.

8 Bessere dich Jerusalem, ehe sich mein Herz von dir wendet und ich dich zum wüsten Lande mache, darin niemand wohne!

9 So spricht der HERR Zebaoth: Was übriggeblieben ist von Israel, das muß nachgelesen werden wie am Weinstock. Der Weinleser wird eins nach dem andern in die Butten werfen.

10 Ach, mit wem soll ich doch reden und zeugen? Daß doch jemand hören wollte! Aber ihre Ohren sind unbeschnitten; sie können's nicht hören. Siehe, sie halten des HERRN Wort für einen Spott und wollen es nicht.

11 Darum bin ich von des HERRN Drohen so voll, daß ich's nicht lassen kann. Schütte es aus

über die Kinder auf der Gasse und über die Mannschaft im Rat miteinander; denn es sollen beide, Mann und Weib, Alte und der Wohlbetagte, gefangen werden.

12 Ihre Häuser sollen den Fremden zuteil werden samt den Äckern und Weibern; denn ich will meine Hand ausstrecken, spricht der HERR, über des Landes Einwohner.

13 Denn sie geizen allesamt, klein und groß; und beide, Propheten und Priester, gehen allesamt mit Lügen um

14 und trösten mein Volk in seinem Unglück, daß sie es gering achten sollen, und sagen: "Friede! Friede!", und ist doch nicht Friede.

15 Darum werden sie mit Schanden bestehen, daß sie solche Gräuel treiben; wiewohl sie wollen ungeschändet sein und wollen sich nicht schämen. Darum müssen sie fallen auf einen Haufen; und wenn ich sie heimsuchen werde, sollen sie stürzen, spricht der HERR.

16 So spricht der HERR: Tretet auf die Wege und schauet und fraget nach den vorigen Wegen, welches der gute Weg sei, und wandelt darin, so werdet ihr Ruhe finden für eure Seele! Aber sie sprechen: Wir wollen's nicht tun!

17 Ich habe Wächter über dich gesetzt: Merket auf die Stimme der Drommete! Aber sie sprechen: Wir wollen's nicht tun!

18 Darum so höret, ihr Heiden, und merket samt euren Leuten!

19 Du, Erde, höre zu! Siehe, ich will ein Unglück über dies Volk bringen, darum daß sie auf meine Worte nicht achten und mein Gesetz verwerfen.

20 Was frage ich nach Weihrauch aus Reicharabien und nach den guten Zimtrinden, die aus fernen Landen kommen? Eure Brandopfer sind mir nicht angenehm, und eure Opfer gefallen mir nicht.

21 Darum spricht der HERR also: Siehe, ich will diesem Volk einen Anstoß in den Weg stellen, daran sich die Väter und Kinder miteinander stoßen und ein Nachbar mit dem andern umkommen sollen.

22 So spricht der HERR: Siehe, es wird ein Volk kommen von Mitternacht, und ein großes Volk wird sich erregen vom Ende der Erde,

23 die Bogen und Lanze führen. Es ist grausam und ohne Barmherzigkeit; sie brausen daher wie ein ungestümes Meer und reiten auf Rossen, gerüstet wie Kriegsleute, wider dich, du Tochter Zion.

24 Wenn wir von ihnen hören werden, so werden uns die Fäuste entsinken; es wird uns angst und weh werden wie einer Gebärerin.

25 Es gehe ja niemand hinaus auf den Acker, niemand gehe über Feld; denn es ist allenthalben unsicher vor dem Schwert des Feindes.

26 O Tochter meines Volks, zieh Säcke an und lege dich in Asche; trage Leid wie um einen

einzigen Sohn und klage wie die, so hoch betrübt sind! denn der Verderber kommt über uns plötzlich.

27 Ich habe dich zum Schmelzer gesetzt unter mein Volk, das so hart ist, daß du ihr Wesen erfahren und prüfen sollst.

28 Sie sind allzumal Abtrünnige und wandeln verräterisch, sind Erz und Eisen; alle sind sie verderbt.

29 Der Blasebalg ist verbrannt, das Blei verschwindet; das Schmelzen ist umsonst, denn das Böse ist nicht davon geschieden.

30 Darum heißen sie auch ein verworfenes Silber; denn der HERR hat sie verworfen.

7. Kapitel

*Der äußerliche Gottesdienst ohne Buße
ist vor Gott ein Gräuel
und hält das Gericht nicht auf.*

1 Dies ist das Wort, welches geschah zu Jeremia vom HERRN, und sprach:

2 Tritt ins Tor im Hause des HERRN und predige daselbst dies Wort und sprich: Höret des HERRN Wort, ihr alle von Juda, die ihr zu diesen Toren eingehet, den HERRN anzubeten!

3 So spricht der HERR Zebaoth, der Gott Israels: Bessert euer Leben und Wesen, so will ich bei euch wohnen an diesem Ort.

4 Verlaßt euch nicht auf die Lügen, wenn sie sagen: Hier ist des HERRN Tempel, hier ist des HERRN Tempel, hier ist des HERRN Tempel!

5 sondern bessert euer Leben und Wesen, daß ihr recht tut einer gegen den andern

6 und den Fremdlingen, Waisen und Witwen keine Gewalt tut und nicht unschuldiges Blut vergießt an diesem Ort, und folgt nicht nach andern Göttern zu eurem eigenen Schaden:

7 so will ich immer und ewiglich bei euch wohnen an diesem Ort, in dem Lande, das ich euren Vätern gegeben habe.

8 Aber nun verlasset ihr euch auf Lügen, die nichts nütze sind.

9 Daneben seid ihr Diebe, Mörder, Ehebrecher und Meineidige und räuchert dem Baal und folgt fremden Göttern nach, die ihr nicht kennt.

10 Darnach kommt ihr dann und tretet vor mich in diesem Hause, das nach meinem Namen genannt ist, und sprecht: Es hat keine Not mit uns, weil wir solche Gräuel tun.

11 Haltet ihr denn dies Haus, das nach meinem Namen genannt ist, für eine Mördergrube? Siehe, ich sehe es wohl, spricht der HERR.

12 Gehet hin an meinen Ort zu Silo, da vormals mein Name gewohnt hat, und schauet, was ich daselbst getan habe um der Bosheit willen meines Volkes Israel.

13 Weil ihr denn alle solche Stücke treibt, spricht der HERR, und ich stets euch predigen

lasse, und ihr wollt nicht hören, ich rufe euch, und ihr wollt nicht antworten:

14 so will ich dem Hause, das nach meinem Namen genannt ist, darauf ihr euch verlaßt, und den Ort, den ich euren Vätern gegeben habe, eben tun, wie ich zu Silo getan habe,

15 und will euch von meinem Angesicht wegwerfen, wie ich weggeworfen habe alle eure Brüder, den ganzen Samen Ephraims.

16 Und du sollst für dies Volk nicht bitten und sollst für sie keine Klage noch Gebet vorbringen, auch nicht sie vertreten vor mir; denn ich will dich nicht hören.

17 Denn siehst du nicht, was sie tun in den Städten Juda's und auf den Gassen zu Jerusalem?

18 Die Kinder lesen Holz, so zünden die Väter das Feuer an, und die Weiber kneten den Teig, daß sie der Himmelskönigin Kuchen backen, und geben Trankopfer den fremden Göttern, daß sie mir Verdruß tun.

19 Aber sie sollen nicht mir damit, spricht der HERR, sondern sich selbst Verdruß tun und müssen zu Schanden werden.

20 Darum spricht der HERR HERR: Siehe, mein Zorn und mein Grimm ist ausgeschüttet über diesen Ort, über Menschen und Vieh, über Bäume auf dem Felde und über die Früchte des Landes; und der soll brennen, daß niemand löschen kann.

21 So spricht der HERR Zebaoth, der Gott Israels: Tut eure Brandopfer und anderen Opfer zuhauf und esset Fleisch.

22 Denn ich habe euren Vätern des Tages, da ich sie aus Ägyptenland führte, weder gesagt noch geboten von Brandopfer und anderen Opfern;

23 sondern dies gebot ich ihnen und sprach: Gehorchet meinem Wort, so will ich euer Gott sein, und ihr sollt mein Volk sein; und wandelt auf allen Wegen, die ich euch gebiete, auf daß es euch wohl gehe.

24 Aber sie wollen nicht hören noch ihre Ohren zuneigen, sondern wandelten nach ihrem eigenen Rat und nach ihres bösen Herzens Gedünken und gingen hinter sich und nicht vor sich. [und sie haben mir den Rücken zugekehrt und nicht das Gesicht. (3)]

25 Ja, von dem Tage an, da ich eure Väter aus Ägyptenland geführt habe, bis auf diesen Tag habe ich stets zu euch gesandt alle meine Knechte, die Propheten.

26 Aber sie wollen mich nicht hören noch ihre Ohren neigen, sondern waren halsstarrig und machten's ärger denn ihre Väter.

27 Und wenn du ihnen dies alles schon sagst, so werden sie dich doch nicht hören; rufst du ihnen, so werden sie dir nicht antworten.

28 Darum sprich zu ihnen: Dies ist das Volk, das den HERRN, seinen Gott, nicht hören noch sich

bessern will. Der Glaube ist untergegangen und ausgerottet von ihrem Munde.

29 Schneide deine Haare ab und wirf sie von dir und wehklage auf den Höhen; denn der HERR hat dies Geschlecht, über das er zornig ist, verworfen und verstoßen.

30 Denn die Kinder Juda tun übel vor meinen Augen, spricht der HERR. Sie setzen ihre Gräuel in das Haus, das nach meinem Namen genannt ist, daß sie es verunreinigen,

31 und bauen die Altäre des Thopheth im Tal Ben-Hinnom, daß sie ihre Söhne und Töchter verbrennen, was ich nie geboten noch in den Sinn genommen habe.

32 Darum siehe, es kommt die Zeit, spricht der HERR, daß man's nicht mehr heißen soll Thopheth und das Tal Ben-Hinnom, sondern Würgetal; und man wird im Thopheth müssen begraben, weil sonst kein Raum mehr sein wird.

33 Und die Leichname dieses Volkes sollen den Vögeln des Himmels und den Tieren auf Erden zur Speise werden, davon sie niemand scheuchen wird.

34 Und ich will in den Städten Juda's und auf den Gassen zu Jerusalem wegnehmen das Geschrei der Freude und Wonne und die Stimme des Bräutigams und der Braut; denn das Land soll wüst sein.

8. Kapitel

Die größte Schmach, Verheerung und Verbannung kommt über das Volk wegen seines Abfalls.

1 Zu derselben Zeit, spricht der HERR, wird man die Gebeine der Könige Juda's, die Gebeine ihrer Fürsten, die Gebeine der Priester, die Gebeine der Propheten, die Gebeine der Bürger zu Jerusalem aus ihren Gräbern werfen;

2 und wird sie hinstreuen unter Sonne, Mond und alles Heer des Himmels, welche sie geliebt und denen sie gedient haben, denen sie nachgefolgt sind und die sie gesucht und angebetet haben. Sie sollen nicht wieder aufgelesen und begraben werden, sondern Kot auf der Erde sein.

3 Und alle übrigen von diesem bösen Volk, an welchen Ort sie sein werden, dahin ich sie verstoßen habe, werden lieber tot als lebendig sein wollen, spricht der HERR Zebaoth.

4 Darum sprich zu ihnen: So spricht der HERR: Wo ist jemand, so er fällt, der nicht gerne wieder aufstünde? Wo ist jemand, so er irregeht, der nicht gerne wieder zurechtkäme?

5 Dennoch will dies Volk zu Jerusalem irregehen für und für. Sie halten so hart an dem falschen Gottesdienst, daß sie sich nicht wollen abwenden lassen.

6 Ich sehe und höre, daß sie nichts Rechtes reden. Keiner ist, dem seine Bosheit Leid wäre

und der spräche: Was mache ich doch! Sie laufen alle ihren Lauf wie ein grimmiger Hengst im Streit.

7 Ein Storch unter dem Himmel weiß seine Zeit, eine Turteltaube, Kranich und Schwalbe merken ihre Zeit, wann sie wiederkommen sollen, aber mein Volk will das Recht des HERRN nicht wissen.

8 Wie mögt ihr doch sagen: "Wir wissen, was recht ist, und haben die heilige Schrift vor uns"? Ist's doch eitel Lüge, was die Schriftgelehrten setzen.

9 Darum müssen solche Lehrer zu Schanden, erschreckt und gefangen werden; denn was können sie Gutes lehren, weil sie des HERRN Wort verwerfen?

['Wie könnt ihr sagen: wir sind weise, wir sind im Besitz des göttlichen Gesetzes? Jawohl - zur Lüge hat es der Fälschergriffel der Abschreiber verdreht.

Beschämt müssen daher die Weisen datehen und bestürzt. Denn sie haben sich selbst gefangen. Sie haben das Wort des Herrn weggeworfen. Welcherlei Weisheit besitzen sie da noch?' (4)]

10 Darum will ich ihre Weiber den Fremden geben und ihre Äcker denen, die sie verjagen werden. Denn sie geizen allesamt, beide, klein und groß; und beide, Priester und Propheten, gehen mit Lügen um

11 und trösten mein Volk in ihrem Unglück, daß sie es gering achten sollen, und sagen: "Friede! Friede!", und ist doch nicht Friede.

12 Darum werden sie mit Schanden bestehen, daß sie solche Gräuel treiben; wiewohl sie wollen ungeschändet sein und wollen sich nicht schämen. Darum müssen sie fallen auf einen Haufen; und wenn ich sie heimsuchen werde, sollen sie stürzen, spricht der HERR.

13 Ich will sie also ablesen, spricht der HERR, daß keine Trauben am Weinstock und keine Feigen am Feigenbaum bleiben, ja auch die Blätter wegfallen sollen; und was ich ihnen gegeben habe, das soll ihnen genommen werden.

14 Wo werden wir dann wohnen? Ja, sammelt euch dann und laßt uns in die festen Städte ziehen, daß wir daselbst umkommen. Denn der HERR, unser Gott, wird uns umkommen lassen und tränken mit einem bitteren Trunk, daß wir so gesündigt haben wider den HERRN.

15 Wir hofften, es sollte Friede werden, so kommt nichts Gutes; wir hofften, wir sollten heil werden, aber siehe, so ist mehr Schaden da.

16 Man hört ihre Rosse schnauben von Dan her; vom Wiehern ihrer Gäule erbebt das ganze Land. Und sie fahren daher und werden das Land auffressen mit allem, was darin ist, die Städte samt allen, die darin wohnen.

17 Denn siehe, ich will Schlangen und Basilisken unter euch senden, die nicht zu

beschwören sind; die sollen euch stechen, spricht der HERR.

18 Was mag mich in meinem Jammer erquicken? Mein Herz ist krank.

19 Siehe, die Tochter meines Volks wird schreien aus fernem Lande her: "Will denn er HERR nicht mehr Gott sein zu Zion, oder soll sie keinen König mehr haben?" Ja, warum haben sie mich so erzürnt durch ihre Bilder und fremde, unnütze Gottesdienste?

20 "Die Ernte ist vergangen, der Sommer ist dahin, und uns ist keine Hilfe gekommen."

21 Mich jammert herzlich, daß mein Volk so verderbt ist; ich gräme mich und gehabe mich übel.

22 Ist denn keine Salbe in Gilead, oder ist kein Arzt da? Warum ist denn die Tochter meines Volks nicht geheilt?

9. Kapitel

Klage über das Verderben des Volks,
das mit seinem unbeschnittenem Herzen
den einzigen Weg des Heils verschmäht.

1 (8, 23) Ach, daß ich Wasser genug hätte in meinem Haupte und meine Augen Tränenquellen wären, daß ich Tag und Nacht beweinen möchte die Erschlagenen in meinem Volk!

2 (1) Ach, daß ich eine Herberge hätte in der Wüste, so wollte ich mein Volk verlassen und von ihnen ziehen! Denn es sind eitel Ehebrecher und ein frecher Haufe.

3 (2) Sie schießen mit ihren Zungen eitel Lüge und keine Wahrheit und treiben's mit Gewalt im Lande und gehen von einer Bosheit zur andern und achten mich nicht, spricht der HERR.

4 (3) Ein jeglicher hüte sich vor seinem Freunde und traue auch seinem Bruder nicht; denn ein Bruder unterdrückt den andern, und ein Freund verrät den andern.

5 (4) Ein Freund täuscht den andern und reden kein wahres Wort; sie fleißigen sich darauf, wie einer den andern betrüge, und ist ihnen nicht leid, daß sie es ärger machen können.

6 (5) Es ist allenthalben eitel Trügerei unter ihnen, und vor Trügerei wollen sie mich nicht kennen, spricht der HERR.

7 (6) Darum spricht der HERR Zebaoth also: Siehe, ich will sie schmelzen und prüfen. Denn was soll ich sonst tun, wenn ich ansehe die Tochter meines Volks?

8 (7) Ihre falschen Zungen sind mörderische Pfeile; mit ihrem Munde reden sie freundlich gegen den Nächsten, aber im Herzen lauern sie auf ihn.

9 (8) Sollte ich nun solches nicht heimsuchen an ihnen, spricht der HERR, und meine Seele sollte sich nicht rächen an solchem Volk, wie dies ist?

10 (9) Ich muß auf den Bergen weinen und heulen und bei den Hürden in der Wüste klagen; denn sie sind so gar verheert, daß niemand da wandelt und man auch nicht ein Vieh schreien hört. Es ist beides, Vögel des Himmels und das Vieh, alles weg.

11 (10) Und ich will Jerusalem zum Steinhaufen und zur Wohnung der Schakale machen und will die Städte Juda's wüst machen, daß niemand darin wohnen soll.

12 (11) Wer nun weise wäre und ließe es sich zu Herzen gehen und verkündigte, was des HERRN Mund zu ihm sagt, warum das Land verderbt und verheert wird wie eine Wüste, da niemand wandelt!

13 (12) Und der HERR sprach: Darum daß sie mein Gesetz verlassen, daß ich ihnen vorgelegt habe, und gehorchen meiner Rede nicht, leben auch nicht darnach,

14 (13) sondern folgen ihres Herzens Gedünken und den Baalim, wie sie ihre Väter gelehrt haben:

15 (14) darum spricht der HERR Zebaoth, der Gott Israels, also: Siehe ich will dies Volk mit Wermut speisen und mit Galle tränken;

16 (15) ich will sie unter die Heiden zerstreuen, welche weder sie noch ihre Väter gekannt haben, und will das Schwert hinter sie schicken, bis daß es aus mit ihnen sei.

17 (16) So spricht der HERR Zebaoth: Schaffet und bestellt Klageweiber, daß sie kommen, und schickt nach denen, die es wohl können,

18 (17) daß sie eilend um uns klagen, daß unsre Augen von Tränen rinnen und unsre Augenlider von Wasser fließen,

19 (18) daß man ein klägliches Geschrei höre zu Zion: Ach, wie sind wir so gar verstört und zu Schanden geworden! Wir müssen das Land räumen; denn sie haben unsere Wohnungen geschleift. [denn sie haben unsere Wohnungen zerstört. (5)]

20 (19) So höret nun, ihr Weiber, des HERRN Wort und nehmet zu Ohren seines Mundes Rede; lehret eure Töchter weinen, und eine lehre die andere klagen:

21 (20) Der Tod ist zu unseren Fenstern eingefallen und in unsere Paläste gekommen, die Kinder zu würgen auf der Gasse und die Jünglinge auf der Straße.

22 (21) So spricht der HERR: Sage: Der Menschen Leichname sollen liegen wie der Mist auf dem Felde und wie Garben hinter dem Schnitter, die niemand sammelt.

23 (22) So spricht der HERR: Ein Weiser rühme sich nicht seiner Weisheit, ein Starker ruhme sich nicht seiner Stärke, ein Reicher rühme sich nicht seines Reichtums;

24 (23) sondern wer sich rühmen will, der rühme sich des, daß er mich wisse und kenne, daß ich der HERR bin, der Barmherzigkeit, Recht

und Gerechtigkeit übt auf Erden; denn solches gefällt mir, spricht der HERR.

25 (24) Siehe, es kommt die Zeit, spricht der HERR, daß ich heimsuchen werde alle, die Beschnittenen mit den Unbeschnittenen:

26 (25) Ägypten, Juda, Edom, die Kinder Ammon, Moab und alle, die das Haar rundumher abschneiden, die in der Wüste wohnen. Denn alle Heiden haben unbeschnittenen Vorhaut; aber das ganze Israel hat ein unbeschnittenes Herz.

10. Kapitel

Die Götzen und Götzendiener wird der lebendige Gott verderben aber sein Volk mit Maßen züchtigen.

1 Höret, was der HERR zu euch vom Hause Israel redet.

2 So spricht der HERR: Ihr sollt nicht nach der Heiden Weise lernen und sollt euch nicht fürchten vor den Zeichen des Himmels, wie die Heiden sich fürchten.

3 Denn der Heiden Satzungen sind lauter Nichts. Denn sie hauen im Walde einen Baum, und der Werkmeister macht Götter mit dem Beil

4 und schmückt sie mit Silber und Gold und heftet sie mit Nägeln und Hämmern, daß sie nicht umfallen.

5 Es sind ja nichts als überzogene Säulen. Sie können nicht reden; so muß man sie auch tragen, denn sie können nicht gehen. Darum sollt ihr euch nicht vor ihnen fürchten: denn sie können weder helfen noch Schaden tun.

6 Aber dir, HERR, ist niemand gleich; du bist groß, und dein Name ist groß, und kannst es mit der Tat beweisen.

7 Wer sollte dich nicht fürchten, du König der Heiden? Dir sollte man gehorchen; denn es ist unter allen Weisen der Heiden und in allen Königreichen deinesgleichen nicht.

8 Sie sind allzumal Narren und Toren; denn ein Holz muß ja ein nichtiger Gottesdienst sein.

9 Silbernes Blech bringt man aus Tharsis, Gold aus Uphas, durch den Meister und Goldschmied zugerichtet; blauen und roten Purpur zieht man ihm an, und ist alles der Weisen Werk.

10 Aber der HERR ist ein rechter Gott, ein lebendiger Gott, ein ewiger König. Vor seinem Zorn bebt die Erde, und die Heiden können sein Drohen nicht ertragen.

11 So sprecht nun zu ihnen also: Die Götter, die Himmel und Erde nicht gemacht haben, müssen vertilgt werden von der Erde und unter dem Himmel.

12 Er hat aber die Erde durch seine Kraft gemacht und den Weltkreis bereitet durch seine Weisheit und den Himmel ausgebreitet durch seinen Verstand.

13 Wenn er donnert, so ist des Wassers die Menge unter dem Himmel, und er zieht die Nebel auf vom Ende der Erde; er macht die Blitze im Regen und läßt den Wind kommen aus seinen Vorratskammern.

14 Alle Menschen sind Narren mit ihrer Kunst, und alle Goldschmiede bestehen mit Schanden mit ihren Bildern; denn ihre Götzen sind Trügerei und haben kein Leben.

15 Es ist eitel Nichts und ein verführerisches Werk; sie müssen umkommen, wenn sie heimgesucht werden.

16 Aber also ist der nicht, der Jakobs Schatz ist; sondern er ist's, der alles geschaffen hat, und Israel ist sein Erbteil. Er heißt HERR Zebaoth.

17 Tue deinen Kram weg aus dem Lande, die du wohnest in der Feste.

18 Denn so spricht der HERR: Siehe, ich will die Einwohner des Landes auf diesmal wegschleudern und will sie ängsten, daß sie es fühlen sollen.

19 Ach mein Jammer und mein Herzeleid! Ich denke aber: Es ist meine Plage; ich muß sie leiden.

20 Meine Hütte ist zerstört, und alle meine Seile sind zerrissen. Meine Kinder sind von mir gegangen und nicht mehr da. Niemand ist, der meine Hütte wieder aufrichte und mein Gezelt aufschlage.

21 Denn die Hirten sind zu Narren geworden und fragen nach dem HERRN nicht; darum

können sie auch nichts Rechtes lehren, und ihre ganze Herde ist zerstreut.

22 Siehe, es kommt ein Geschrei daher und ein großes Beben aus dem Lande von Mitternacht, daß die Städte Juda's verwüstet und zur Wohnung der Schakale werden sollen.

23 Ich weiß, HERR, daß des Menschen Tun steht nicht in seiner Gewalt, und steht in niemands Macht, wie er wandle oder seinen Gang richte.

24 Züchtige mich, HERR, doch mit Maßen und nicht in deinem Grimm, auf daß du mich nicht aufreibest.

25 Schütte aber deinen Zorn über die Heiden, so dich nicht kennen, und über die Geschlechter, so deinen Namen nicht anrufen. Denn sie haben Jakob aufgefressen und verschlungen; sie haben ihn weggeräumt und seine Wohnung verwüstet.

11. Kapitel

Gottes Bund: Treulosigkeit seines Volks. Jeremia's Lebensgefahr.

1 Dies ist das Wort, das zu Jeremia geschah vom HERRN, und sprach:

2 Höret die Worte dieses Bundes, daß ihr sie denen in Juda und den Bürgern zu Jerusalem saget.

3 Und sprich zu ihnen: So spricht der HERR, der Gott Israels: Verflucht sei, wer nicht gehorcht den Worten dieses Bundes,

4 den ich euren Vätern gebot des Tages, da ich sie aus Ägyptenland führte, aus einem eisernen Ofen, und sprach: Gehorchet meiner Stimme und tut, wie ich euch geboten habe, so sollt ihr mein Volk sein, und ich will euer Gott sein,

5 auf daß ich den Eid halten möge, den ich euren Vätern geschworen habe, ihnen zu geben ein Land, darin Milch und Honig fließt, wie es denn heutigestages steht. Ich antwortete und sprach: HERR, ja, es sei also!

6 Und der HERR sprach zu mir: Predige alle diese Worte in den Städten Juda's und auf allen Gassen zu Jerusalem und sprich: Höret die Worte dieses Bundes und tut darnach!

7 Denn ich habe euren Vätern gezeugt von dem Tage an, da ich sie aus Ägyptenland führte, bis auf den heutigen Tag und zeugte stets und sprach: Gehorchet meiner Stimme!

8 Aber sie gehorchten nicht, neigten auch ihre Ohren nicht; sondern ein jeglicher ging nach seines bösen Herzens Gedünken. Darum habe ich auch über sie kommen lassen alle Worte dieses Bundes, den ich geboten habe zu tun, und nach dem sie doch nicht getan haben.

9 Und der HERR sprach zu mir: Ich weiß wohl, wie sie in Juda und zu Jerusalem sich rotten.

10 Sie kehren sich eben zu den Sünden ihrer Väter, die vormals waren, welche auch nicht

gehorchen wollten meinen Worten und folgten auch andern Göttern nach und dienten ihnen. Also hat das Haus Israel und das Haus Juda meinen Bund gebrochen, den ich mit ihren Vätern gemacht habe.

11 Darum siehe, spricht der HERR, ich will ein Unglück über sie gehen lassen, dem sie nicht sollen entgehen können; und wenn sie zu mir Schreien, will ich sie nicht hören.

12 So laß denn die Städte Juda's und die Bürger zu Jerusalem hingehen und zu ihren Göttern schreien, denen sie geräuchert haben; aber sie werden ihnen nicht helfen in ihrer Not.

13 Denn so manche Stadt, so manche Götter hast du, Juda; und so manche Gassen zu Jerusalem sind, so manchen Schandaltar habt ihr aufgerichtet, dem Baal zu räuchern. [Denn so zahlreich wie deine Städte sind deine Götter geworden, Juda, und so viele Gassen Jerusalem hat, so viele Altäre habt ihr der Schande errichtet, Altäre, um dem Baal Rauchopfer darzubringen. (6)]

14 So bitte du nun nicht für dieses Volk und tue kein Flehen noch Gebet für sie; denn ich will sie nicht hören, wenn sie zu mir schreien in ihrer Not.

15 Was haben meine Freunde in meinem Haus zu schaffen? Sie treiben alle Schalkheit und meinen, das heilige Fleisch soll es von ihnen nehmen; und wenn sie übeltun, sind sie guter Dinge darüber.

16 Der HERR nannte dich einen grünen, schönen, fruchtbaren Ölbaum; aber nun hat er mit einem Mordgeschrei ein Feuer um ihn lassen anzünden, daß seine Äste verderben müssen.

17 Denn der HERR Zebaoth, der dich gepflanzt hat, hat dir ein Unglück gedroht um der Bosheit willen des Hauses Israel und des Hauses Juda, welche sie treiben, daß sie mich erzürnen mit ihrem Räuchern, das sie dem Baal tun.

18 Der HERR hat mir's offenbart, daß ich's weiß, und zeigte mir ihr Vornehmen,

19 nämlich, daß sie mich wie ein armes Schaf zur Schlachtbank führen wollen. Denn ich wußte nicht, daß sie wider mich beratschlagt hatten und gesagt: Laßt uns den Baum mit seinen Früchten verderben und ihn aus dem Lande der Lebendigen ausrotten, daß seines Namen nimmermehr gedacht werde.

20 Aber du, HERR Zebaoth, du gerechter Richter, der du Nieren und Herzen prüfst, laß mich deine Rache über sie sehen; denn ich habe dir meine Sache befohlen.

21 Darum spricht der HERR also wider die Männer zu Anathoth, die dir nach deinem Leben stehen und sprechen: Weissage uns nicht im Namen des HERRN, willst du anders nicht von unsern Händen sterben!

22 darum spricht der HERR Zebaoth also: Siehe, ich will sie heimsuchen; ihre junge Mannschaft soll mit dem Schwert getötet werden, und ihre

Söhne und Töchter sollen Hungers sterben, daß nichts von ihnen übrigbleibe;

23 denn ich will über die Männer zu Anathtoth Unglück kommen lassen des Jahres, wann sie heimgesucht werden sollen.

12. Kapitel

Trauriger Zustand des Landes
wegen der Sünden seiner Einwohner.
Weissagung über benachbarte Völker.

1 HERR, wenn ich gleich mit dir rechten wollte, so behältst du doch recht; dennoch muß ich vom Recht mit dir reden. Warum geht's doch den Gottlosen so wohl und die Verächter haben alles die Fülle?

2 Du pflanzt sie, daß sie wurzeln und wachsen und Frucht bringen. Nahe bist du in ihrem Munde, aber ferne von ihrem Herzen;

3 mich aber, HERR, kennst du und siehst mich und prüfst mein Herz vor dir. Reiße sie weg wie Schafe, daß sie geschlachtet werden; sondere sie aus, daß sie gewürgt werden.

4 Wie lange soll doch das Land so jämmerlich stehen und das Gras auf dem Felde allenthalben verdorren um der Einwohner Bosheit willen, daß beide, Vieh und Vögel, nimmer da sind? denn sie sprechen: Ja, er weiß viel, wie es uns gehen wird.

5 Wenn dich die müde machen, die zu Fuße gehen, wie will dir's gehen wenn du mit den Reitern laufen sollst? Und so du in dem Lande, da es Friede ist, Sicherheit suchst, was will mit dir werden bei dem stolzen Jordan?

6 Denn es verachten dich auch deine Brüder und deines Vaters Haus und schreien zeter! über dich. Darum vertraue du ihnen nicht, wenn sie gleich freundlich mit dir reden.

7 Ich habe mein Haus verlassen müssen und mein Erbe meiden, und was meine Seele liebt, in der Feinde Hand geben.

8 Mein Erbe ist mir geworden wie ein Löwe im Walde und brüllt wider mich; darum bin ich ihm gram geworden.

9 Mein Erbe ist wie der sprenklige Vogel, um welchen sich die Vögel sammeln. Wohlauf, sammelt euch, alle Feldtiere, kommt und fresset.

10 Es haben Hirten, und deren viel, meinen Weinberg verderbt und meinen Acker zertreten; sie haben meinen schönen Acker zur Wüste gemacht, sie haben's öde gemacht.

11 Ich sehe bereits wie es so jämmerlich verwüstet ist; ja das ganze Land ist wüst. Aber es will's niemand zu Herzen nehmen.

12 Denn die Verstörer fahren daher über alle Hügel der Wüste, und das fressende Schwert des HERRN von einem Ende des Landes bis zum andern; und kein Fleisch wird Frieden haben.

13 Sie säen Weizen, aber Disteln werden sie ernten; sie lassen's sich sauer werden, aber sie

werden's nicht genießen; sie werden ihres Einkommens nicht froh werden vor dem grimmigen Zorn des HERRN.

14 So spricht der HERR wider alle meine bösen Nachbarn, so das Erbteil antasten, das ich meinem Volk Israel ausgeteilt habe: Siehe, ich will sie aus ihrem Lande ausreißen und das Haus Juda aus ihrer Mitte reißen.

15 Und wenn ich sie nun ausgerissen habe, will ich mich wiederum über sie erbarmen und will einen jeglichen zu seinem Erbteil und in sein Land wiederbringen.

16 Und soll geschehen, wo sie von meinem Volk lernen werden, daß sie schwören bei meinem Namen: "So wahr der HERR lebt!", wie sie zuvor mein Volk gelehrt haben schwören bei Baal, so sollen sie unter meinem Volk erbaut werden.

17 Wo sie aber nicht hören wollen, so will ich solches Volk ausreißen und umbringen, spricht der HERR.

13. Kapitel

Strafe der Juden unter zwei Sinnbildern vorgestellt. Wegführung des Volkes.

1 So spricht der HERR zu mir: Gehe hin und kaufe dir einen leinenen Gürtel und gürte damit deine Lenden und mache ihn nicht naß.

2 Und ich kaufte einen Gürtel nach dem Befehl des HERRN und gürtete ihn um meine Lenden.

3 Da geschah des HERRN Wort zum andernmal zu mir und sprach:

4 Nimm den Gürtel, den du gekauft und um deine Lenden gegürtet hast, und mache dich auf und gehe hin an den Euphrat und verstecke ihn daselbst in einem Steinritz.

5 Ich ging hin und versteckte ihn am Euphrat, wie mir der HERR geboten hatte.

6 Nach langer Zeit aber sprach der HERR zu mir: Mache dich auf und hole den Gürtel wieder, den ich dich hieß daselbst verstecken.

7 Ich ging hin an den Euphrat und grub auf und nahm den Gürtel von dem Ort, dahin ich ihn versteckt hatte; und siehe, der Gürtel war verdorben, daß er nichts mehr taugte.

8 Da geschah des HERRN Wort zu mir und sprach:

9 So spricht der HERR: Eben also will ich auch verderben die große Hoffart Juda's und Jerusalems.

10 Das böse Volk, das meine Worte nicht hören will, sondern gehen hin nach Gedünken ihres Herzens und folgen andern Göttern, daß sie ihnen dienen und sie anbeten: sie sollen werden wie der Gürtel, der nichts mehr taugt.

11 Denn gleichwie ein Mann den Gürtel um seine Lenden bindet, also habe ich, spricht der HERR, das ganze Haus Israel und das ganze Haus Juda um mich gegürtet, daß sie mein Volk

sein sollten, mir zu einem Namen, zu Lob und Ehren; aber sie wollen nicht hören.

12 So sage ihnen nun dies Wort: So spricht der HERR, der Gott Israels: Es sollen alle Krüge mit Wein gefüllt werden. So werden sie zu dir sagen: Wer weiß das nicht, daß man alle Krüge mit Wein füllen soll?

13 So sprich zu ihnen: So spricht der HERR: Siehe, ich will alle, die in diesem Lande wohnen, die Könige, die auf dem Stuhl Davids sitzen, die Priester und Propheten und alle Einwohner zu Jerusalem füllen, daß sie trunken werden sollen;

14 und will einen mit dem andern, die Väter samt den Kindern, verstreuen, spricht der HERR; und will weder schonen noch übersehen noch barmherzig sein über ihrem Verderben.

15 So höret nun und merket auf und trotzt nicht; denn der HERR hat's geredet.

16 Gebet dem HERRN, eurem Gott, die Ehre, ehe denn es finster werde, und ehe eure Füße sich an den dunklen Bergen stoßen, daß ihr des Lichts wartet, so er's doch gar finster und dunkel machen wird.

17 Wollt ihr aber solches nicht hören, so muß meine Seele heimlich weinen über solche Hoffart; meine Augen mussen von Tränen fließen, daß des HERRN Herde gefangen wird.

18 Sage dem König und der Königin: Setzt euch herunter; denn die Krone der Herrlichkeit ist euch von eurem Haupt gefallen.

19 Die Städte gegen Mittag sind verschlossen, und ist niemand, der sie auftue; das ganze Juda ist rein weggeführt.

20 Hebt eure Augen auf und sehet, wie sie von Mitternacht daherkommen. Wo ist nun die Herde, so dir befohlen war, deine herrliche Herde?

21 Was willst du sagen, wenn er dich so heimsuchen wird? Denn du hast sie so gewöhnt wider dich, daß sie Fürsten und Häupter sein wollen. Was gilt's? es wird dich Angst ankommen wie ein Weib in Kindsnöten.

22 Und wenn du in deinem Herzen sagen willst: "Warum begegnet doch mir solches?" Um der Menge willen deiner Missetaten sind dir deine Säume aufgedeckt und ist deinen Fersen Gewalt geschehen.

23 Kann auch ein Mohr seine Haut wandeln oder ein Parder seine Flecken? So könnt ihr auch Gutes tun, die ihr des Bösen gewohnt seid.

24 Darum will ich sie zerstreuen wie Stoppeln, die vor dem Winde aus der Wüste verweht werden.

25 Das soll dein Lohn sein und dein Teil, den ich dir zugemessen habe, spricht der HERR. Darum daß du mein vergessen hast und verlässest dich auf Lügen,

26 so will ich auch deine Säume hoch aufdecken, daß man deine Schande sehen muß.

27 Denn ich habe gesehen deine Ehebrecherei, dein Geilheit, deine freche Hurerei, ja, deine

Gräuel auf Hügeln und auf Äckern. Weh dir, Jerusalem! Wann wirst du doch endlich rein werden?

14. Kapitel

*Ankündigung von Dürre und Hungersnot.
Jeremia's Gebet im Namen des Volks.*

1 Dies ist das Wort, das der HERR zu Jeremia sagte von der teuren Zeit:

2 Juda liegt jämmerlich, ihre Tore stehen elend; es steht kläglich auf dem Lande, und ist zu Jerusalem ein großes Geschrei.

3 Die Großen schicken die Kleinen nach Wasser; aber wenn sie zum Brunnen kommen, finden sie kein Wasser und bringen ihre Gefäße leer wieder; sie gehen traurig und betrübt und verhüllen ihre Häupter.

4 Darum daß die Erde lechzt, weil es nicht regnet auf die Erde, gehen die Ackerleute traurig und verhüllen ihre Häupter.

5 Denn auch die Hinden (Hirschkühe), die auf dem Felde werfen, verlassen ihre Jungen, weil kein Gras wächst.

6 Das Wild steht auf den Hügeln und schnappt nach der Luft wie die Drachen und verschmachtet, weil kein Kraut wächst.

7 Ach HERR, unsre Missetaten haben's ja verdient; aber hilf doch um deines Namens

willen! denn unser Ungehorsam ist groß; damit wir wider dich gesündigt haben.

8 Du bist der Trost Israels und sein Nothelfer; warum stellst du dich, als wärest du ein Gast im Lande und ein Fremder, der nur über Nacht darin bleibt?

9 Warum stellst du dich wie ein Held, der verzagt ist, und wie ein Riese, der nicht helfen kann? Du bist ja doch unter uns, HERR, und wir heißen nach deinem Namen; verlaß uns nicht!

10 So spricht der HERR von diesem Volk: Sie laufen gern hin und wieder und bleiben nicht gern daheim; darum will sie der HERR nicht, sondern er denkt nun an ihre Missetat und will ihre Sünden heimsuchen.

11 Und der HERR sprach zu mir: Du sollst nicht für dies Volk um Gnade bitten.

12 Denn ob sie gleich fasten, so will ich doch ihr Flehen nicht hören; und ob sie Brandopfer und Speisopfer bringen, so gefallen sie mir doch nicht, sondern ich will sie mit Schwert, Hunger und Pestilenz (Seuche, Epidemie, Beulenpest, Pestplage) aufreiben.

13 Da sprach ich: Ach HERR HERR, siehe, die Propheten sagen ihnen: Ihr werdet kein Schwert sehen und keine Teuerung bei euch haben; sondern ich will euch guten Frieden geben an diesem Ort.

14 Und der HERR sprach zu mir: Die Propheten weissagen falsch in meinem Namen; ich habe sie nicht gesandt und ihnen nichts befohlen und

nichts mit ihnen geredet. Sie predigen euch falsche Gesichte, Deutungen, Abgötterei und ihres Herzens Trügerei.

15 Darum so spricht der HERR von den Propheten, die in meinem Namen weissagen, so ich sie doch nicht gesandt habe, und die dennoch predigen, es werde kein Schwert und keine Teuerung in dies Land kommen: Solche Propheten sollen sterben durch Schwert und Hunger.

16 Und die Leute, denen sie weissagen, sollen vom Schwert und Hunger auf den Gassen zu Jerusalem hin und her liegen, daß sie niemand begraben wird, also auch ihre Weiber, Söhne und Töchter; und ich will ihre Bosheit über sie schütten.

17 Und du sollst zu ihnen sagen dies Wort: Meine Augen fließen von Tränen Tag und Nacht und hören nicht auf; denn die Jungfrau, die Tochter meines Volks, ist gräulich zerplagt und jämmerlich geschlagen.

18 Gehe ich hinaus aufs Feld, siehe, so liegen da Erschlagene mit dem Schwert; komme ich in die Stadt, so liegen da vor Hunger Verschmachtete. Denn es müssen auch die Propheten, dazu auch die Priester in ein Land ziehen, das sie nicht kennen.

19 Hast du denn Juda verworfen, oder hat deine Seele einen Ekel an Zion? Warum hast du uns denn so geschlagen, daß es niemand heilen kann? Wir hofften, es sollte Friede werden; so

kommt nichts Gutes. Wir hofften, wir sollten heil werden; aber siehe, so ist mehr Schaden da.

20 HERR, wir erkennen unser gottlos Wesen und unsrer Väter Missetat; denn wir haben wider dich gesündigt.

21 Aber um deines Namens willen laß uns nicht geschändet werden; laß den Thron deiner Herrlichkeit nicht verspottet werden; gedenke doch und laß deinen Bund mit uns nicht aufhören.

22 Es ist doch ja unter der Heiden Götzen keiner, der Regen könnte geben; auch der Himmel kann nicht regnen. Du bist doch ja der HERR, unser Gott, auf den wir hoffen; denn du kannst solches alles tun.

15. Kapitel

Der Untergang des Volks ist unvermeidlich;
doch der Rest soll Gnade finden.
Besonderes Trostwort für Jeremia.

1 Und der HERR sprach zu mir: Und wenngleich Mose und Samuel vor mir stünden, so habe ich doch kein Herz zu diesem Volk; treibe sie weg von mir und laß sie hinfahren!

2 Und wenn sie zu dir sagen: Wo sollen wir hin? so sprich zu ihnen: So spricht der HERR: Wen der Tod trifft, den treffe er; wen das Schwert trifft,

den treffe es; wen der Hunger trifft, den treffe er; wen das Gefängnis trifft, den treffe es.

3 Denn ich will sie heimsuchen mit vielerlei Plagen, spricht der HERR: mit dem Schwert, daß sie erwürgt werden; mit Hunden, die sie schleifen sollen; mit den Vögeln des Himmels und mit Tieren auf Erden, daß sie gefressen und vertilgt werden sollen.

4 Und ich will sie in allen Königreichen auf Erden hin und her treiben lassen um Manasses willen, des Sohnes Hiskias, des Königs in Juda, um deswillen, was er zu Jerusalem begangen hat.

5 Wer will denn sich dein erbarmen, Jerusalem? Wer wird denn Mitleiden mit dir haben? Wer wird denn hingehen und dir Frieden wünschen?

6 Du hast mich verlassen, spricht der HERR, und bist von mir abgefallen; darum habe ich meine Hand ausgestreckt wider dich, daß ich dich verderben will; ich bin des Erbarmens müde.

7 Ich will sie mit der Wurfschaufel zum Lande hinausworfeln (2) und will mein Volk, so von seinem Wesen sich nicht bekehren will, zu eitel Waisen machen und umbringen.

8 Es sollen mir mehr Witwen unter ihnen werden, denn Sand am Meer ist. Ich will über die Mutter der jungen Mannschaft kommen lassen einen offenbaren Verderber und die Stadt damit plötzlich und unversehens überfallen lassen,

9 daß die, die sieben Kinder hat, soll elend sein und von Herzen seufzen. Denn ihre Sonne soll bei hohem Tage untergehen, daß ihr Ruhm und ihre Freude ein Ende haben soll. Und die übrigen will ich ins Schwert geben vor ihren Feinden, spricht der HERR.

10 Ach, meine Mutter, daß du mich geboren hast, wider den jedermann hadert und zankt im ganzen Lande! Habe ich doch weder auf Wucher geliehen noch genommen; doch flucht mir jedermann.

11 Der HERR sprach: Wohlan, ich will euer etliche übrigbehalten, denen es soll wieder wohl gehen, und will euch zu Hilfe kommen in der Not und Angst unter den Feinden.

12 Meinst du nicht, daß etwa ein Eisen sei, welches könnte das Eisen und Erz von Mitternacht zerschlagen?

13 Ich will aber zuvor euer Gut und eure Schätze zum Raub geben, daß ihr nichts dafür kriegen sollt, und das um aller eurer Sünden willen, die ihr in allen euren Grenzen begangen habt.

14 Und ich will euch zu euren Feinden bringen in ein Land, das ihr nicht kennt; denn es ist das Feuer in meinem Zorn über euch angegangen.

15 Ach HERR, du weißt es; gedenke an mich und nimm dich meiner an und räche mich an meinen Verfolgern. Nimm mich auf und verzieh nicht deinem Zorn über sie; denn du weißt, daß ich um deinetwillen geschmäht werde.

16 Dein Wort ward mir Speise, da ich's empfing; und dein Wort ist meines Herzens Freude und Trost; denn ich bin ja nach deinem Namen genannt; HERR, Gott Zebaoth.

17 Ich habe mich nicht zu den Spöttern gesellt noch mich mit ihnen gefreut, sondern bin allein geblieben vor deiner Hand; denn du hattest mich gefüllt mit deinem Grimm.

18 Warum währt doch mein Leiden so lange, und meine Wunden sind so gar böse, daß sie niemand heilen kann? Du bist mir geworden wie ein Born, der nicht mehr quellen will.

19 Darum spricht der HERR also: Wo du dich zu mir hältst, so will ich mich zu dir halten, und du sollst mein Prediger bleiben. Und wo du die Frommen lehrst sich sondern von den bösen Leuten, so sollst du mein Mund sein. Und ehe du solltest zu ihnen fallen, so müssen sie eher zu dir fallen.

20 Denn ich habe dich wider dies Volk zur festen, ehernen Mauer gemacht; ob sie wider dich streiten, sollen sie dir doch nichts anhaben; denn ich bin bei dir, daß ich dir helfe und dich errette, spricht der HERR,

21 und will dich erretten aus der Hand der Bösen und erlösen aus der Hand der Tyrannen.

16. Kapitel

Verwüstung und Verbannung Juda's wegen seines Götzendienstes. Israels Wiederbringung aus Babel.

1 Und des HERRN Wort geschah zu mir und sprach:
2 Du sollst kein Weib nehmen und weder Söhne noch Töchter zeugen an diesem Ort.
3 Denn so spricht der HERR von den Söhnen und Töchtern, die an diesem Ort geboren werden, dazu von ihren Müttern die sie gebären, und von ihren Vätern, die sie zeugen in diesem Lande:
4 Sie sollen an Krankheiten sterben und weder beklagt noch begraben werden, sondern sollen Dung werden auf dem Lande, dazu durch Schwert und Hunger umkommen, und ihre Leichname sollen der Vögel des Himmels und der Tiere auf Erden Speise sein.
5 Denn so spricht der HERR: Du sollst nicht zum Trauerhaus gehen und sollst auch nirgend hin zu Klagen gehen noch Mitleiden über sie haben; denn ich habe meinen Frieden von diesem Volk weggenommen, spricht der HERR, samt meiner Gnade und Barmherzigkeit,
6 daß beide, groß und klein, sollen in diesem Lande sterben und nicht begraben noch beklagt werden, und niemand wird sich über sie zerritzen noch kahl scheren.

7 Und man wird auch nicht unter sie Brot austeilen bei der Klage, sie zu trösten über die Leiche, und ihnen auch nicht aus dem Trostbecher zu trinken geben über Vater und Mutter.

8 Du sollst auch in kein Trinkhaus gehen, bei ihnen zu sitzen, weder zu essen noch zu trinken.

9 Denn so spricht der HERR Zebaoth, der Gott Israels: Siehe, ich will an diesem Ort wegnehmen vor euren Augen und bei eurem Leben die Stimme der Freude und Wonne, die Stimme des Bräutigams und der Braut.

10 Und wenn du solches alles diesem Volk gesagt hast und sie zu dir sprechen werden: Warum redet der HERR über uns all dies Unglück? welches ist die Missetat und Sünde, damit wir wider den HERRN, unsern Gott, gesündigt haben?

11 sollst du ihnen sagen: Darum daß eure Väter mich verlassen haben, spricht der HERR, und andern Göttern gefolgt sind, ihnen gedient und sie angebetet, mich aber verlassen und mein Gesetz nicht gehalten haben

12 und ihr noch ärger tut als eure Väter. Denn siehe, ein jeglicher lebt nach seines bösen Herzens Gedünken, daß er mir nicht gehorche.

13 Darum will ich euch aus diesem Lande stoßen in ein Land, davon weder ihr noch eure Väter gewußt haben; daselbst sollt ihr andern Göttern dienen Tag und Nacht, dieweil ich euch keine Gnade erzeigen will.

14 Darum siehe, es kommt die Zeit, spricht der HERR, daß man nicht mehr sagen wird: So wahr der HERR lebt, der die Kinder Israel aus Ägyptenland geführt hat!

15 sondern: So wahr der HERR lebt, der die Kinder Israel geführt hat aus dem Lande der Mitternacht und aus allen Ländern, dahin er sie verstoßen hatte! Denn ich will sie wiederbringen in das Land, das ich ihren Vätern gegeben habe.

16 Siehe, ich will viel Fischer aussenden, spricht der HERR, die sollen sie fischen; und darnach will ich viel Jäger aussenden, die sollen sie fangen auf allen Bergen und auf allen Hügeln und in allen Steinritzen.

17 Denn meine Augen sehen auf ihre Wege, daß sie vor mir sich nicht verhehlen können; und ihre Missetat ist vor meinen Augen unverborgen.

18 Aber zuvor will ich ihre Missetat und Sünde zwiefach bezahlen, darum daß sie mein Land mit den Leichen ihrer Abgötterei verunreinigt und mein Erbe mit Gräueln angefüllt haben.

19 HERR, du bist meine Stärke und Kraft und meine Zuflucht in der Not. Die Heiden werden zu mir kommen von der Welt Enden und sagen: Unsre Väter haben falsche und nichtige Götter gehabt, die nichts nützen können.

20 Wie kann ein Mensch Götter machen, die doch keine Götter sind?

21 Darum siehe, nun will ich sie lehren und meine Hand und Gewalt ihnen kundtun, daß sie erfahren sollen, ich heiße der HERR.

17. Kapitel

Strafe der Abgötterei, des Vertrauens auf Menschen, des Betrugs. Aufforderung zur Heiligung des Sabbats.

1 Die Sünde Juda's ist geschrieben mit eisernen Griffeln, und spitzigen Diamanten geschrieben, und auf die Tafel ihres Herzens gegraben und auf die Hörner an ihren Altären,
2 daß die Kinder gedenken sollen derselben Altäre und Ascherabilder bei den grünen Bäumen, auf den hohen Bergen.
3 Aber ich will deine Höhen, beide, auf den Bergen und Feldern, samt deiner Habe und allen deinen Schätzen zum Raube geben um der Sünde willen, in allen deinen Grenzen begangen.
4 Und du sollst aus deinem Erbe verstoßen werden, das ich dir gegeben habe, und ich will dich zu Knechten deiner Feinde machen in einem Lande, das du nicht kennst; denn ihr habt ein Feuer meines Zorns angezündet, das ewiglich brennen wird.
5 So spricht der HERR: Verflucht ist der Mann, der sich auf Menschen verläßt und hält Fleisch für seinen Arm [und Fleisch zu seiner Kraft

macht (7)], und mit seinem Herzen vom HERRN weicht.

6 Der wird sein wie die Heide in der Wüste und wird nicht sehen den zukünftigen Trost, sondern bleiben in der Dürre, in der Wüste, in einem unfruchtbaren Lande, da niemand wohnt.

7 Gesegnet aber ist der Mann, der sich auf den HERRN verläßt und des Zuversicht der HERR ist.

8 Der ist wie ein Baum, am Wasser gepflanzt und am Bach gewurzelt. Denn obgleich eine Hitze kommt, fürchtet er sich doch nicht, sondern seine Blätter bleiben grün, und sorgt nicht, wenn ein dürres Jahr kommt sondern er bringt ohne Aufhören Früchte.

9 Es ist das Herz ein trotzig und verzagtes Ding; wer kann es ergründen?

10 Ich, der HERR, kann das Herz ergründen und die Nieren prüfen und gebe einem jeglichen nach seinem Tun, nach den Früchten seiner Werke.

11 Denn gleichwie ein Vogel, der sich über Eier setzt und brütet sie nicht aus, also ist der, so unrecht Gut sammelt; denn er muß davon, wenn er's am wenigsten achtet, und muß zuletzt Spott dazu haben. [Wie ein Rebhuhn, das Eier bebrütet, die es nicht gelegt hat, so ist ein Mensch, der Reichtum erwirbt, aber nicht auf rechtmäßige Weise: in der Mitte seiner Lebenstage muß er ihn wieder fahren lassen, und an seinem Ende steht er da als Narr. (8)]

12 Aber die Stätte unsers Heiligtums, der Thron

göttlicher Ehre, ist allezeit fest geblieben.

13 Denn, Herr, du bist die Hoffnung Israels. Alle, die dich verlassen, müssen zu Schanden werden, und die Abtrünnigen müssen in die Erde geschrieben werden; denn sie verlassen den HERRN, die Quelle des lebendigen Wassers.

14 Heile du mich, HERR, so werde ich heil; hilf du mir, so ist mir geholfen; denn du bist mein Ruhm.

15 Siehe, sie sprechen zu mir: Wo ist denn des HERRN Wort? Laß es doch kommen!

16 Aber ich bin nicht von dir geflohen, daß ich nicht dein Hirte wäre; so habe ich den bösen Tag nicht begehrt, das weißt du; was ich gepredigt habe, das ist recht vor dir.

17 Sei du nur nicht schrecklich, meine Zuversicht in der Not!

18 Laß sie zu Schanden werden, die mich verfolgen, und mich nicht; laß sie erschrecken, und mich nicht; laß den Tag des Unglücks über sie kommen und zerschlage sie zwiefach!

19 So spricht der HERR zu mir: Gehe hin und tritt unter das Tor des Volks, dadurch die Könige Juda's aus und ein gehen, und unter alle Tore zu Jerusalem

20 und sprich zu ihnen: Höret des HERRN Wort, ihr Könige Juda's und ganz Juda und alle Einwohner zu Jerusalem, so zu diesem Tor eingehen.

21 So spricht der HERR: Hütet euch und tragt

keine Last am Sabbattage durch die Tore hinein zu Jerusalem

22 und führt keine Last am Sabbattage aus euren Häusern und tut keine Arbeit, sondern heiliget den Sabbattag, wie ich euren Vätern geboten habe.

23 Aber sie hören nicht und neigen ihre Ohren nicht, sondern bleiben halsstarrig, daß sie mich ja nicht hören noch sich ziehen lassen.

24 So ihr mich hören werdet, spricht der HERR, daß ihr keine Last traget des Sabbattages durch dieser Stadt Tore ein, sondern ihn heiliget, daß ihr keine Arbeit an demselben Tage tut:

25 so sollen auch durch dieser Stadt Tore aus und ein gehen Könige und Fürsten, die auf dem Stuhl Davids sitzen, und reiten und fahren, auf Wagen und Rossen, sie und ihre Fürsten samt allen, die in Juda und Jerusalem wohnen; und soll diese Stadt ewiglich bewohnt werden;

26 und sollen kommen aus den Städten Juda's, und die um Jerusalem her liegen, und aus dem Lande Benjamin, aus den Gründen und von den Gebirgen und vom Mittag, die da bringen Brandopfer, Schlachtopfer, Speisopfer und Weihrauch zum Hause des HERRN.

27 Werdet ihr mich aber nicht hören, daß ihr den Sabbattag heiliget und keine Last tragt durch die Tore zu Jerusalem ein am Sabbattage, so will ich ein Feuer unter ihren Toren anzünden, das die Häuser zu Jerusalem verzehren und nicht gelöscht werden soll.

18. Kapitel

*Buße erhält, Unbußfertigkeit verderbt.
Klage und Gebet Jeremias.*

1 Dies ist das Wort, das geschah vom HERRN zu Jeremia, und sprach:

2 Mache dich auf und gehe hinab in des Töpfers Haus; daselbst will ich dich meine Worte hören lassen.

3 Und ich ging hinab in des Töpfers Haus, und siehe, er arbeitete eben auf der Scheibe.

4 Und der Topf, den er aus dem Ton machte, mißriet ihm unter den Händen. Da machte er einen andern Topf daraus, wie es ihm gefiel.

5 Da geschah des HERRN Wort zu mir und sprach:

6 Kann ich nicht also mit euch umgehen, ihr vom Hause Israel, wie dieser Töpfer? spricht der HERR. Siehe, wie der Ton ist in des Töpfers Hand, also seid auch ihr vom Hause Israel in meiner Hand.

7 Plötzlich rede ich wider ein Volk und Königreich, daß ich es ausrotten, zerbrechen und verderben wolle.

8 Wo sich's aber bekehrt von seiner Bosheit, dawider ich rede, so soll mich auch reuen das Unglück, das ich ihm gedachte zu tun.

9 Und plötzlich rede ich von einem Volk und Königreich, daß ich's bauen und pflanzen wolle.

10 So es aber Böses tut vor meinen Augen, daß es meiner Stimme nicht gehorcht, so soll mich auch reuen das Gute, das ich ihm verheißen hatte zu tun.

11 So sprich nun zu denen in Juda und zu den Bürgern zu Jerusalem: So spricht der HERR: Siehe, ich bereite euch ein Unglück zu und habe Gedanken wider euch: darum kehre sich ein jeglicher von seinem bösen Wesen und bessert euer Wesen und Tun.

12 Aber sie sprachen: Daraus wird nichts; wir wollen nach unsern Gedanken wandeln und ein jeglicher tun nach Gedünken seines bösen Herzens.

13 Darum spricht der HERR: Fragt doch unter den Heiden. Wer hat je desgleichen gehört? Daß die Jungfrau Israel so gar gräuliche Dinge tut!

14 Bleibt doch der Schnee länger auf den Steinen im Felde, wenn's vom Libanon herab schneit, und das Regenwasser verschießt nicht so bald, wie mein Volk vergißt.

15 Sie räuchern den Göttern und richten Ärgernis an auf ihren Wegen für und für und gehen auf ungebahnten Straßen,

16 auf daß ihr Land zur Wüste werde, ihnen zur ewigen Schande, daß, wer vorübergeht, sich verwundere und den Kopf schüttle.

17 Denn ich will sie wie durch einen Ostwind zerstreuen vor ihren Feinden; ich will ihnen den

Rücken, und nicht das Antlitz zeigen, wenn sie verderben.

18 Aber sie sprechen: Kommt und laßt uns wider Jeremia ratschlagen [Sie aber haben gesagt: Kommt, wir wollen Pläne schmieden gegen Jeremia! (9) Sie haben gesagt: »Kommt, laßt uns Anschläge gegen Jeremia ersinnen! (10)]; denn die Priester können nicht irre gehen im Gesetz, und die Weisen können nicht fehlen mit Raten, und die Propheten können nicht unrecht lehren! Kommt her, laßt uns ihn mit der Zunge totschlagen und nichts geben auf alle seine Rede!

19 HERR, habe acht auf mich und höre die Stimme meiner Widersacher!

20 Ist's recht, daß man Gutes mit Bösem vergilt? Denn sie haben meiner Seele eine Grube gegraben. Gedenke doch, wie ich vor dir gestanden bin, daß ich ihr Bestes redete und deinen Grimm von ihnen wendete.

21 So strafe nun ihre Kinder mit Hunger und laß sie ins Schwert fallen, daß ihre Weiber ohne Kinder und Witwen seien und ihre Männer zu Tode geschlagen und ihre junge Mannschaft im Streit durchs Schwert erwürgt werde;

22 daß ein Geschrei aus ihren Häusern gehört werde, wie du plötzlich habest Kriegsvolk über sie kommen lassen. Denn sie haben eine Grube gegraben, mich zu fangen, und meinen Füßen Stricke gelegt.

23 Und weil du, HERR, weißt alle ihre Anschläge wider mich, daß sie mich töten wollen, so vergib ihnen ihre Missetat nicht und laß ihre Sünde vor dir nicht ausgetilgt werden. Laß sie vor dir gestürzt werden und handle mit ihnen nach deinem Zorn.

19. Kapitel

*Verwüstung Jerusalems
durch Zerbrechen eines irdenen Krugs dargestellt.*

1 So spricht nun der HERR: Gehe hin und kaufe dir einen irdenen Krug vom Töpfer, samt etlichen von den Ältesten des Volks und von den Ältesten der Priester,
 2 und gehe hinaus ins Tal Ben-Hinnom, das vor dem Ziegeltor liegt, und predige daselbst die Worte, die ich dir sage,
 3 und sprich: Höret des HERRN Wort, ihr Könige Juda's und Bürger zu Jerusalem! So spricht der HERR Zebaoth, der Gott Israels: Siehe, ich will ein solch Unglück über diese Stätte gehen lassen, daß, wer es hören wird, dem die Ohren klingen sollen,
 4 darum daß sie mich verlassen und diese Stätte einem fremden Gott gegeben haben und andern Göttern darin geräuchert haben, die weder sie noch ihre Väter noch die Könige

Juda's gekannt haben, und haben die Stätte voll unschuldigen Bluts gemacht

5 und haben dem Baal Höhen gebaut, ihre Kinder zu verbrennen, dem Baal zu Brandopfern, was ich ihnen weder geboten noch davon geredet habe, was auch in mein Herz nie gekommen ist.

6 Darum siehe, es wird die Zeit kommen, spricht der HERR, daß man diese Stätte nicht mehr Thopheth noch das Tal Ben-Hinnom, sondern Würgetal heißen wird.

7 Und ich will den Gottesdienst Juda's und Jerusalems an diesem Ort zerstören und will sie durchs Schwert fallen lassen vor ihren Feinden, unter der Hand derer, die nach ihrem Leben stehen, und will ihre Leichname den Vögeln des Himmels und den Tieren auf Erden zu fressen geben

8 und will diese Stadt wüst machen und zum Spott, daß alle, die vorübergehen, werden sich verwundern über alle ihre Plage und ihrer spotten.

9 Ich will sie lassen ihrer Söhne und Töchter Fleisch fressen, und einer soll des andern Fleisch fressen in der Not und Angst, damit sie ihre Feinde und die, so nach ihrem Leben stehen, bedrängen werden.

10 Und du sollst den Krug zerbrechen vor den Männern, die mit dir gegangen sind,

11 und sprich zu ihnen: So spricht der HERR Zebaoth: Eben wie man eines Töpfers Gefäß

zerbricht, das nicht kann wieder ganz werden, so will ich dies Volk und diese Stadt auch zerbrechen; und sie sollen im Thopheth begraben werden, weil sonst kein Raum sein wird, zu begraben.

12 So will ich mit dieser Stätte, spricht der HERR, und ihren Einwohnern umgehen, daß diese Stadt werden soll gleich wie das Thopheth.

13 Dazu sollen ihre Häuser zu Jerusalem und die Häuser der Könige Juda's ebenso unrein werden wie die Stätte Thopheth, ja, alle Häuser, wo sie auf den Dächern geräuchert haben allem Heer des Himmels und andern Göttern Trankopfer geopfert haben.

14 Und da Jeremia wieder vom Thopheth kam, dahin ihn der HERR gesandt hatte, zu weissagen, trat er in den Vorhof am Hause des HERRN und sprach zu allem Volk:

15 So spricht der HERR Zebaoth, der Gott Israels: Siehe, ich will über diese Stadt und über alle ihre Städte all das Unglück kommen lassen, das ich wider sie geredet habe, darum daß sie halsstarrig sind und meine Worte nicht hören wollen.

20. Kapitel

Von Pashur mißhandelt, verkündigt Jeremia die babylonische Gefangenschaft und klagt, daß er Prophet geworden.

1 Da aber Pashur, ein Sohn Immers, der Priester, der zum Obersten im Hause des HERRN gesetzt war, Jeremia hörte solche Worte weissagen,

2 schlug er den Propheten Jeremia und legte ihn in den Stock unter dem Obertor Benjamin, welches am Hause des HERRN ist.

3 Und da es Morgen ward, zog Pashur Jeremia aus dem Stock. Da sprach Jeremia zu ihm: Der HERR heißt dich nicht Pashur, sondern Schrecken um und um.

4 Denn so spricht der HERR: Siehe, ich will dich zum Schrecken machen dir selbst und allen deinen Freunden, und sie sollen fallen durchs Schwert ihrer Feinde; das sollst du mit deinen Augen sehen. Und will das ganze Juda in die Hand des Königs zu Babel übergeben; der soll euch wegführen gen Babel und mit dem Schwert töten.

5 Auch will ich alle Güter dieser Stadt samt allem, was sie gearbeitet und alle Kleinode und alle Schätze der Könige Juda's in ihrer Feinde Hand geben, daß sie dieselben rauben, nehmen und gen Babel bringen.

6 Und du, Pashur, sollst mit allen deinen Hausgenossen gefangen gehen und gen Babel kommen; daselbst sollst du sterben und begraben werden samt allen deinen Freunden, welchen du Lügen predigst.

7 HERR, du hast mich überredet, und ich habe mich überreden lassen; du bist mir zu stark gewesen und hast gewonnen; aber ich bin darüber zum Spott geworden täglich, und jedermann verlacht mich.

8 Denn seit ich geredet, gerufen und gepredigt habe von der Plage und Verstörung, ist mir des HERRN Wort zum Hohn und Spott geworden täglich.

9 Da dachte ich: Wohlan, ich will sein nicht mehr gedenken und nicht mehr in seinem Namen predigen. Aber es ward in meinem Herzen wie ein brennendes Feuer, in meinen Gebeinen verschlossen, daß ich's nicht leiden konnte und wäre fast vergangen.

10 Denn ich höre, wie mich viele schelten und schrecken um und um. "Hui, verklagt ihn! Wir wollen ihn verklagen!" sprechen alle meine Freunde und Gesellen, "ob wir ihn übervorteilen und ihm beikommen mögen und uns an ihm rächen."

11 Aber der HERR ist bei mir wie ein starker Held; darum werden meine Verfolger fallen und nicht obliegen, sondern sollen zu Schanden werden, darum daß sie so töricht handeln; ewig

wird die Schande sein, deren man nicht vergessen wird.

12 Und nun, HERR Zebaoth, der du die Gerechten prüfst, Nieren und Herz siehst, laß mich deine Rache an ihnen sehen; denn ich habe dir meine Sache befohlen.

13 Singet dem HERRN, rühmt den HERRN, der des Armen Leben aus der Boshaften Händen errettet!

14 Verflucht sei der Tag, darin ich geboren bin; der Tag müsse ungesegnet sein, darin mich meine Mutter geboren hat!

15 Verflucht sei der, so meinem Vater gute Botschaft brachte und sprach: "Du hast einen jungen Sohn", daß er ihn fröhlich machen wollte!

16 Der Mann müsse sein wie die Städte, so der HERR hat umgekehrt, und ihn nicht gereut hat; und müsse des Morgens hören ein Geschrei und des Mittags ein Heulen!

17 Daß du mich doch nicht getötet hast im Mutterleibe, daß meine Mutter mein Grab gewesen und ihr Leib ewig schwanger geblieben wäre!

18 Warum bin ich doch aus Mutterleibe hervorgekommen, daß ich solchen Jammer und Herzeleid sehen muß und meine Tage mit Schanden zubringen!

21. Kapitel

Auf Zedekias Anfrage kündigt Jeremia die Zerstörung Jerusalems an und zeigt, was der einzige Weg der Rettung ist.

1 Dies ist das Wort, so vom HERRN geschah zu Jeremia, da der König Zedekia zu ihm sandte Pashur, den Sohn Malchias, und Zephanja, den Sohn Maasejas, den Priester, und ließ ihm sagen:

2 Frage doch den HERRN für uns. Denn Nebukadnezar, der König zu Babel, streitet wider uns; daß der HERR doch mit uns tun wolle nach allen seinen Wundern, damit er von uns abzöge.

3 Jeremia sprach zu ihnen: So saget Zedekia:

4 Das spricht der Herr, der Gott Israels: Siehe, ich will die Waffen zurückwenden, die ihr in euren Händen habt, womit ihr streitet wider den König zu Babel und wider die Chaldäer, welche euch draußen an der Mauer belagert haben; und will sie zuhauf sammeln mitten in dieser Stadt.

5 Und ich will wider euch streiten mit ausgereckter Hand, mit starkem Arm, mit Zorn, Grimm und großer Ungnade.

6 Und ich will die Bürger dieser Stadt schlagen, die Menschen und das Vieh, daß sie sterben sollen durch eine große Pestilenz.

7 Und darnach, spricht der HERR, will ich Zedekia, den König Juda's, samt seinen Knechten und dem Volk, das in dieser Stadt vor der

Pestilenz, vor Schwert und Hunger übrigbleiben wird, geben in die Hände Nebukadnezars, des Königs zu Babel, und in die Hände ihrer Feinde, und in die Hände derer, die ihnen nach dem Leben stehen, daß er sie mit der Schärfe des Schwerts also schlage, daß kein Schonen noch Gnade noch Barmherzigkeit da sei.

8 Und sage diesem Volk: So spricht der HERR: Siehe, ich lege euch vor den Weg zum Leben und den Weg zum Tode.

9 Wer in dieser Stadt bleibt, der wird sterben müssen durch Schwert, Hunger und Pestilenz; wer aber sich hinausbegibt zu den Chaldäern, die euch belagern, der soll lebendig bleiben und soll sein Leben als eine Ausbeute behalten.

10 Denn ich habe mein Angesicht über diese Stadt gerichtet zum Unglück und zu keinem Guten, spricht der HERR. Sie soll dem König zu Babel übergeben werden, daß er sie mit Feuer verbrenne.

11 Und höret des HERRN Wort, ihr vom Hause des Königs in Juda!

12 Du Haus David, so spricht der Herr: Haltet des Morgens Gericht und errettet die Beraubten aus des Frevlers Hand, auf daß mein Grimm nicht ausfahre wie ein Feuer und brenne also, das niemand löschen könne, um eures bösen Wesens willen.

13 Siehe, spricht der HERR, ich will an dich, die du wohnst im Grunde, auf dem Felsen der

Ebene und sprichst: Wer will uns überfallen oder in unsre Feste kommen?

14 Ich will euch heimsuchen, spricht der HERR, nach der Frucht eures Tuns; ich will ein Feuer anzünden in ihrem Walde, das soll alles umher verzehren.

22. Kapitel

Weissagung gegen die Könige Sallum (Joahas), Jojakim und Jechonja.

1 So spricht der HERR: Gehe hinab in das Haus des Königs in Juda und rede daselbst dies Wort

2 und sprich: Höre des HERRN Wort, du König Juda's, der du auf dem Stuhl Davids sitzest, du und deine Knechte und dein Volk, die zu diesen Toren eingehen.

3 So spricht der HERR: Haltet Recht und Gerechtigkeit, und errettet den Beraubten von des Frevlers Hand, und schindet nicht die Fremdlinge, Waisen und Witwen, und tut niemand Gewalt, und vergießt nicht unschuldig Blut an dieser Stätte.

4 Werdet ihr solches tun, so sollen durch die Tore dieses Hauses einziehen Könige die auf Davids Stuhl sitzen, zu Wagen und zu Rosse, samt ihren Knechten und ihrem Volk.

5 Werdet ihr aber solchem nicht gehorchen, so habe ich bei mir selbst geschworen, spricht der HERR, dies Haus soll zerstört werden.

6 Denn so spricht der HERR von dem Hause des Königs in Juda: Ein Gilead bist du mir, ein Haupt im Libanon. Was gilt's? ich will dich zur Wüste und die Einwohner ohne Städte machen.

7 Denn ich habe den Verderber über dich bestellt, einen jeglichen mit seinen Waffen; die sollen deine auserwählten Zedern umhauen und ins Feuer werfen.

8 So werden viele Heiden vor dieser Stadt vorübergehen und untereinander sagen: Warum hat der HERR mit dieser großen Stadt also gehandelt?

9 Und man wird antworten: Darum, daß sie den Bund des HERRN, ihres Gottes, verlassen und andere Götter angebetet und ihnen gedient haben.

10 Weinet nicht über die Toten und grämet euch nicht darum; weinet aber über den, der dahinzieht; denn er wird nimmer wiederkommen, daß er sein Vaterland sehen möchte.

11 Denn so spricht der HERR von Sallum, dem Sohn Josias, des Königs in Juda, welcher König ist anstatt seines Vaters Josia, der von dieser Stätte hinausgezogen ist: Er wird nicht wieder herkommen,

12 sondern muß sterben an dem Ort, dahin er gefangen geführt ist, und wird dies Land nicht mehr sehen.

13 Weh dem, der sein Haus mit Sünden baut und seine Gemächer mit Unrecht, der seinen Nächsten umsonst arbeiten läßt und gibt ihm seinen Lohn nicht

14 und denkt: "Wohlan, ich will mir ein großes Haus bauen und weite Gemächer!" und läßt sich Fenster drein hauen und es mit Zedern täfeln und rot malen!

15 Meinst du, du wollest König sein, weil du mit Zedern prangst? Hat dein Vater nicht auch gegessen und getrunken und hielt dennoch über Recht und Gerechtigkeit, und es ging ihm wohl?

16 Er half dem Elenden und Armen zum Recht, und es ging ihm wohl. Ist's nicht also, daß solches heißt, mich recht erkennen? spricht der HERR.

17 Aber deine Augen und dein Herz stehen nicht also, sondern auf deinen Geiz, auf unschuldig Blut zu vergießen, zu freveln und unterzustoßen.

18 Darum spricht der HERR von Jojakim, dem Sohn Josias, dem König Juda's: Man wird ihn nicht beklagen: "Ach Bruder! ach Schwester!", man wird ihn auch nicht beklagen: "Ach Herr! ach Edler!"

19 Er soll wie ein Esel begraben werden, zerschleift und hinausgeworfen vor die Tore Jerusalems.

20 Gehe hinauf auf den Libanon und schreie und laß dich hören zu Basan und schreie von Abarim; denn alle deine Liebhaber sind zunichte gemacht.

21 Ich habe dir's vorhergesagt, da es noch wohl um dich stand; aber du sprachst: "Ich will nicht hören." Also hast du dein Lebtage getan, daß du meiner Stimme nicht gehorchtest.

22 Alle deine Hirten wird der Wind weiden, und deine Liebhaber ziehen gefangen dahin; da mußt du zum Spott und zu Schanden werden um aller deiner Bosheit willen.

23 Die du jetzt auf dem Libanon wohnest und in Zedern nistest, wie schön wirst du sehen, wenn dir Schmerzen und Wehen kommen werden wie einer in Kindsnöten!

24 So wahr ich lebe, spricht der HERR, wenn Chonja, der Sohn Jojakims, der König Juda's, ein Siegelring wäre an meiner rechten Hand, so wollte ich dich doch abreißen

25 und in die Hände geben derer, die nach deinem Leben stehen und vor welchen du dich fürchtest, in die Hände Nebukadnezars, des Königs zu Babel, und der Chaldäer.

26 Und ich will dich und deine Mutter, die dich geboren hat, in ein anderes Land treiben, das nicht euer Vaterland ist, und sollt daselbst sterben.

27 Und in das Land, da sie von Herzen gern wieder hin wären, sollen sie nicht wiederkommen.

28 Wie ein elender, verachteter, verstoßener Mann ist doch Chonja! ein unwertes Gefäß! Ach wie ist er doch samt seinem Samen so vertrieben und in ein unbekanntes Land geworfen!

29 O Land, Land, Land, höre des HERRN Wort!

30 So spricht der HERR: Schreibet an diesen Mann als einen, der ohne Kinder ist, einen Mann, dem es sein Lebtage nicht gelingt. Denn er wird das Glück nicht haben, daß jemand seines Samens auf dem Stuhl Davids sitze und fürder in Juda herrsche.

23. Kapitel

Wider die bösen Hirten. Verheißung des guten Hirten und Königs aus Davids Geschlecht. Strafe der Lügenpropheten.

1 Weh euch Hirten, die ihr die Herde meiner Weide umbringet und zerstreuet! spricht der HERR.

2 Darum spricht der HERR, der Gott Israels, von den Hirten, die mein Volk weiden: Ihr habt meine Herde zerstreut und verstoßen und nicht besucht. Siehe, ich will euch heimsuchen um eures bösen Wesens willen, spricht der HERR.

3 Und ich will die übrigen meiner Herde sammeln aus allen Ländern, dahin ich sie verstoßen habe, und will sie wiederbringen zu ihren Hürden, daß sie sollen wachsen und ihrer viel werden.

4 Und ich will Hirten über sie setzen, die sie weiden sollen, daß sie sich nicht mehr sollen fürchten noch erschrecken noch heimgesucht werden, spricht der HERR.

5 Siehe, es kommt die Zeit, spricht der HERR, daß ich dem David ein gerechtes Gewächs erwecken will, und soll ein König sein, der wohl regieren wird und Recht und Gerechtigkeit auf Erden anrichten.

6 Zu seiner Zeit soll Juda geholfen werden und Israel sicher wohnen. Und dies wird sein Name sein, daß man ihn nennen wird: Der HERR unsre Gerechtigkeit.

7 Darum siehe, es wird die Zeit kommen, spricht der HERR, daß man nicht mehr sagen wird: So wahr der HERR lebt, der die Kinder Israel aus Ägyptenland geführt hat!

8 sondern: So wahr der HERR lebt, der den Samen des Hauses Israel hat herausgeführt aus dem Lande der Mitternacht und aus allen Landen, dahin ich sie verstoßen hatte, daß sie in ihrem Lande wohnen sollen!

9 Wider die Propheten. Mein Herz will mir im Leibe brechen, alle meine Gebeine zittern; mir ist wie einem trunkenen Mann und wie einem,

der vom Wein taumelt, vor dem HERRN und vor seinen heiligen Worten;

10 daß das Land so voll Ehebrecher ist, daß das Land so jämmerlich steht, daß es so verflucht ist und die Auen in der Wüste verdorren; und ihr Leben ist böse, und ihr Regiment taugt nicht.

11 Denn beide, Propheten und Priester, sind Schälke; und auch in meinem Hause finde ich ihre Bosheit, spricht der HERR.

12 Darum ist ihr Weg wie ein glatter Weg im Finstern, darauf sie gleiten und fallen; denn ich will Unglück über sie kommen lassen, das Jahr ihrer Heimsuchung, spricht der HERR.

13 Zwar bei den Propheten zu Samaria sah ich Torheit, daß sie weissagten durch Baal und verführten mein Volk Israel;

14 aber bei den Propheten zu Jerusalem sehe ich Gräuel, wie sie ehebrechen und gehen mit Lügen um und stärken die Boshaften, auf daß sich ja niemand bekehre von seiner Bosheit. Sie sind alle vor mir gleichwie Sodom, und die Bürger zu Jerusalem wie Gomorra.

15 Darum spricht der HERR Zebaoth von den Propheten also: Siehe, ich will sie mit Wermut speisen und mit Galle tränken; denn von den Propheten zu Jerusalem kommt Heuchelei aus ins ganze Land.

16 So spricht der HERR Zebaoth: Gehorcht nicht den Worten der Propheten, so euch weissagen. Sie betrügen euch; denn sie predigen ihres

Herzens Gesicht und nicht aus des HERRN Munde.

17 Sie sagen denen, die mich lästern: "Der HERR hat's gesagt, es wird euch wohl gehen"; und allen, die nach ihres Herzens Dünkel wandeln, sagen sie: "Es wird kein Unglück über euch kommen."

18 Aber wer ist im Rat des HERRN gestanden, der sein Wort gesehen und gehört habe? Wer hat sein Wort vernommen und gehört?

19 Siehe, es wird ein Wetter des HERRN mit Grimm kommen und ein schreckliches Ungewitter den Gottlosen auf den Kopf fallen.

20 Und des HERRN Zorn wird nicht nachlassen, bis er tue und ausrichte, was er im Sinn hat; zur letzten Zeit werdet ihr's wohl erfahren.

21 Ich sandte die Propheten nicht, doch liefen sie; ich redete nicht zu ihnen, doch weissagten sie.

22 Denn wo sie bei meinem Rat geblieben wären und hätten meine Worte meinem Volk gepredigt, so hätten sie dasselbe von seinem bösen Wesen und von seinem bösen Leben bekehrt.

23 Bin ich nur ein Gott, der nahe ist, spricht der HERR, und nicht auch ein Gott von ferneher?

24 Meinst du, daß sich jemand so heimlich verbergen könne, daß ich ihn nicht sehe? spricht der HERR. Bin ich es nicht, der Himmel und Erde füllt? spricht der HERR.

25 Ich höre es wohl, was die Propheten predigen und falsch weissagen in meinem Namen und sprechen: Mir hat geträumt, mir hat geträumt.

26 Wann wollen doch die Propheten aufhören, die falsch weissagen und ihres Herzens Trügerei weissagen

27 und wollen, daß mein Volk meines Namens vergesse über ihren Träumen, die einer dem andern erzählt? gleichwie ihre Väter meines Namens vergaßen über dem Baal.

28 Ein Prophet, der Träume hat, der erzähle Träume; wer aber mein Wort hat, der Predige mein Wort recht. Wie reimen sich Stroh und Weizen zusammen? spricht der HERR.

29 Ist mein Wort nicht wie Feuer, spricht der HERR, und wie ein Hammer, der Felsen zerschmeißt?

30 Darum siehe, ich will an die Propheten, spricht der HERR, die mein Wort stehlen einer dem andern.

31 Siehe, ich will an die Propheten, spricht der HERR, die ihr eigenes Wort führen und sprechen: Er hat's gesagt.

32 Siehe, ich will an die, so falsche Träume weissagen, spricht der HERR, und erzählen dieselben und verführen mein Volk mit ihren Lügen und losen Reden, so ich sie doch nicht gesandt und ihnen nichts befohlen habe und sie auch diesem Volk nichts nütze sind, spricht der HERR.

33 Wenn dich dies Volk oder ein Prophet oder ein Priester fragen wird und sagen: Welches ist die Last des HERRN? sollst du zu ihnen sagen, was die Last sei: Ich will euch hinwerfen, spricht der HERR.

34 Und wo ein Prophet oder Priester oder das Volk wird sagen: "Das ist die Last des HERRN", den will ich heimsuchen und sein Haus dazu.

35 Also sollt ihr aber einer mit dem andern reden und untereinander sagen: "Was antwortet der HERR, und was sagt der HERR?"

36 Und nennt's nicht mehr "Last des HERRN"; denn einem jeglichem wird sein eigenes Wort eine "Last" sein, weil ihr also die Worte des lebendigen Gottes, des HERRN Zebaoth, unsers Gottes, verkehrt.

37 Darum sollt ihr zum Propheten also sagen: Was antwortet dir der HERR, und was sagt der HERR?

38 Weil ihr aber sprecht: "Last des HERRN", darum spricht der HERR also: Nun ihr dieses Wort eine "Last des HERRN" nennt und ich zu euch gesandt habe und sagen lassen, ihr sollt's nicht nennen "Last des HERRN":

39 siehe, so will ich euch hinwegnehmen und euch samt der Stadt, die ich euch und euren Vätern gegeben habe, von meinem Angesicht wegwerfen

40 und will euch ewige Schande und ewige Schmach zufügen, der nimmer vergessen soll werden.

24. Kapitel

Der bessere und der schlechtere Teil des jüdischen Volks unter dem Sinnbild von guten und von schlechten Feigen dargestellt.

1 Siehe, der HERR zeigte mir zwei Feigenkörbe, gestellt vor den Tempel des HERRN, nachdem der König zu Babel, Nebukadnezar, hatte weggeführt Jechonja, den Sohn Jojakims, den König Juda's, samt den Fürsten Juda's und den Zimmerleuten und Schmieden von Jerusalem und gen Babel gebracht.

2 In dem einen Korbe waren sehr gute Feigen, wie die ersten reifen Feigen sind; im andern Korb waren sehr schlechte Feigen, daß man sie nicht essen konnte, so schlecht waren sie.

3 Und der HERR sprach zu mir: Jeremia, was siehst du? Ich sprach: Feigen; die guten Feigen sind sehr gut, und die schlechten sind sehr schlecht, daß man sie nicht essen kann, so schlecht sind sie.

4 Da geschah des HERRN Wort zu mir und sprach:

5 So spricht der HERR, der Gott Israels: Gleichwie diese Feigen gut sind, also will ich mich gnädig annehmen der Gefangenen aus Juda, welche ich habe aus dieser Stätte lassen ziehen in der Chaldäer Land,

6 und will sie gnädig ansehen, und will sie wieder in dies Land bringen, und will sie bauen und nicht abbrechen; ich will sie pflanzen und nicht ausraufen,

7 und will ihnen ein Herz geben, daß sie mich kennen sollen, daß ich der HERR sei. Und sie sollen mein Volk sein, so will ich ihr Gott sein; denn sie werden sich von ganzem Herzen zu mir bekehren.

8 Aber wie die schlechten Feigen so schlecht sind, daß man sie nicht essen kann, spricht der HERR, also will ich dahingeben Zedekia, den König Juda's samt seinen Fürsten, und was übrig ist zu Jerusalem und übrig in diesem Lande und die in Ägyptenland wohnen.

9 Und will ihnen Unglück zufügen und sie in keinem Königreich auf Erden bleiben lassen, daß sie sollen zu Schanden werden, zum Sprichwort, zur Fabel und zum Fluch an allen Orten, dahin ich sie verstoßen werde;

10 und will Schwert, Hunger und Pestilenz unter sie schicken, bis sie umkommen von dem Lande, das ich ihnen und ihren Vätern gegeben habe.

25. Kapitel

Siebzigjährige Gefangenschaft der Juden, Untergang Babels. Der Zornbecher für alle Völker.

1 Dies ist das Wort, welches zu Jeremia geschah über das ganze Volk Juda im vierten Jahr Jojakims, des Sohnes Josias, des Königs in Juda (welches ist das erste Jahr Nebukadnezars, des Königs zu Babel),

2 welches auch der Prophet Jeremia redete zu dem ganzen Volk Juda und zu allen Bürgern zu Jerusalem und sprach:

3 Es ist vom dreizehnten Jahr an Josias, des Sohnes Amons, des Königs Juda's, des HERRN Wort zu mir geschehen bis auf diesen Tag, und ich habe euch nun dreiundzwanzig Jahre mit Fleiß gepredigt; aber ihr habt nie hören wollen.

4 So hat der HERR auch zu euch gesandt alle seine Knechte, die Propheten, fleißig; aber ihr habt nie hören wollen noch eure Ohren neigen, daß ihr gehorchtet,

5 da er sprach: Bekehrt euch, ein jeglicher von seinem bösen Wesen, so sollt ihr in dem Lande, das der HERR euch und euren Vätern gegeben hat, immer und ewiglich bleiben.

6 Folget nicht andern Göttern, daß ihr ihnen dienet und sie anbetet, auf daß ihr mich nicht erzürnt durch eurer Hände Werk und ich euch Unglück zufügen müsse.

7 Aber ihr wolltet mir nicht gehorchen, spricht der HERR, auf daß ihr mich ja wohl erzürnet durch eurer Hände Werk zu eurem eigenen Unglück.

8 Darum so spricht der HERR Zebaoth: Weil ihr denn meine Worte nicht hören wollt,

9 siehe, so will ich ausschicken und kommen lassen alle Völker gegen Mitternacht, spricht der HERR, auch meinen Knecht Nebukadnezar, den König zu Babel, und will sie bringen über dies Land und über diese Völker, so umherliegen, und will sie verbannen und verstören und zum Spott und zur ewigen Wüste machen,

10 und will herausnehmen allen fröhlichen Gesang, die Stimme des Bräutigams und der Braut, die Stimme der Mühle und das Licht der Lampe,

11 daß dies ganze Land wüst und zerstört liegen soll. Und sollen diese Völker dem König zu Babel dienen siebzig Jahre.

12 Wenn aber die siebzig Jahre um sind, will ich den König zu Babel heimsuchen und dies Volk, spricht der HERR, um ihre Missetat, dazu das Land der Chaldäer, und will es zur ewigen Wüste machen.

13 Also will ich über dies Land bringen alle meine Worte, die ich geredet habe wider sie (nämlich alles, was in diesem Buch geschrieben steht, das Jeremia geweissagt hat über alle Völker).

14 Und sie sollen auch großen Völkern und großen Königen dienen. Also will ich ihnen vergelten nach ihrem Verdienst und nach den Werken ihrer Hände.

15 Denn also spricht zu mir der HERR, der Gott Israels: Nimm diesen Becher Wein voll Zorns von meiner Hand und schenke daraus allen Völkern, zu denen ich dich sende,

16 daß sie trinken, taumeln und toll werden vor dem Schwert, das ich unter sie schicken will.

17 Und ich nahm den Becher von der Hand des HERRN und schenkte allen Völkern, zu denen mich der HERR sandte,

18 nämlich Jerusalem, den Städten Juda's, ihren Königen und Fürsten, daß sie wüst und zerstört liegen und ein Spott und Fluch sein sollen, wie es denn heutigestages steht;

19 auch Pharao, dem König in Ägypten, samt seinen Knechten, seinen Fürsten und seinem ganzen Volk;

20 allen Ländern gegen Abend, allen Königen im Lande Uz, allen Königen in der Philister Lande, samt Askalon, Gaza, Ekron und den übrigen zu Asdod;

21 denen zu Edom, denen zu Moab, den Kindern Ammon;

22 allen Königen zu Tyrus, allen Königen zu Sidon, den Königen auf den Inseln jenseit des Meeres;

23 denen von Dedan, denen von Thema, denen von Bus und allen, die das Haar rundherum abschneiden;

24 allen Königen in Arabien, allen Königen gegen Abend, die in der Wüste wohnen;

25 allen Königen in Simri, allen Königen in Elam, allen Königen in Medien;

26 allen Königen gegen Mitternacht, in der Nähe und Ferne, einem mit dem andern, und allen Königen auf Erden, die auf dem Erdboden sind; und der König zu Sesach soll nach diesen trinken.

27 Und sprich zu ihnen: So spricht der HERR Zebaoth, der Gott Israels: Trinket, daß ihr trunken werdet, speiet und niederfallt und nicht aufstehen könnt vor dem Schwert, das ich unter euch schicken will.

28 Und wo sie den Becher nicht wollen von deiner Hand nehmen und trinken, so sprich zu ihnen: Also spricht der HERR Zebaoth: Nun sollt ihr trinken!

29 Denn siehe, in der Stadt, die nach meinem Namen genannt ist, fange ich an zu Plagen; und ihr solltet ungestraft bleiben? Ihr sollt nicht ungestraft bleiben; denn ich rufe das Schwert herbei über alle, die auf Erden wohnen, spricht der HERR Zebaoth.

30 Und du sollst alle diese Wort ihnen weissagen und sprich zu ihnen: Der HERR wird brüllen aus der Höhe und seinen Donner hören lassen aus seiner heiligen Wohnung; er wird

brüllen über seine Hürden; er wird singen ein Lied wie die Weintreter über alle Einwohner des Landes, des Hall erschallen wird bis an der Welt Ende.

31 Der HERR hat zu rechten mit den Heiden und will mit allem Fleisch Gericht halten; die Gottlosen wird er dem Schwert übergeben, spricht der HERR.

32 So spricht der HERR Zebaoth: Siehe, es wird eine Plage kommen von einem Volk zum andern, und ein großes Wetter wird erweckt werden aus einem fernen Lande.

33 Da werden die Erschlagenen des HERRN zu derselben Zeit liegen von einem Ende der Erde bis an das andere Ende; die werden nicht beklagt noch aufgehoben noch begraben werden, sondern müssen auf dem Felde liegen und zu Dung werden.

34 Heulet nun, ihr Hirten, und schreiet, wälzet euch in der Asche, ihr Gewaltigen über die Herde; denn die Zeit ist hier, daß ihr geschlachtet und zerstreut werdet und zerfallen müßt wie ein köstliches Gefäß.

35 Und die Hirten werden nicht fliehen können, und die Gewaltigen über die Herde werden nicht entrinnen können.

36 Da werden die Hirten schreien, und die Gewaltigen über die Herde werden heulen, daß der HERR ihre Weide so verwüstet hat

37 und ihre Auen, die so wohl standen, verderbt sind vor dem grimmigen Zorn des HERRN.

38 Er hat seine Hütte verlassen wie ein junger Löwe, und ist also ihr Land zerstört vor dem Zorn des Tyrannen und vor seinem grimmigen Zorn.

26. Kapitel

Jeremia's Bußpredigt, Anklage, Verantwortung und Verteidigung durch die Fürsten.

1 Im Anfang des Königreichs Jojakims, des Sohnes Josias, des Königs in Juda, geschah dies Wort vom HERRN und sprach:

2 So spricht der HERR: Tritt in den Vorhof am Hause des HERRN und predige allen Städten Juda's, die da hereingehen, anzubeten im Hause des HERRN, alle Worte, die ich dir befohlen habe ihnen zu sagen, und tue nichts davon;

3 ob sie vielleicht hören wollen und sich bekehren, ein jeglicher von seinem bösen Wesen, damit mich auch reuen möchte das Übel, das ich gedenke ihnen zu tun um ihres bösen Wandels willen.

4 Und sprich zu ihnen: So spricht der HERR: Werdet ihr mir nicht gehorchen, daß ihr nach meinem Gesetz wandelt, das ich euch vorgelegt habe,

5 daß ihr hört auf die Worte meiner Knechte, der Propheten, welche ich stets zu euch gesandt habe, und ihr doch nicht hören wolltet:

6 so will ich's mit diesem Hause machen wie mit Silo und diese Stadt zum Fluch allen Heiden auf Erden machen.

7 Da nun die Priester, Propheten und alles Volk hörten Jeremia, daß er solche Worte redete im Hause des HERRN,

8 und Jeremia nun ausgeredet hatte alles, was ihm der HERR befohlen hatte, allem Volk zu sagen, griffen ihn die Priester, Propheten und das ganze Volk und sprachen: Du mußt sterben!

9 Warum weissagst du im Namen des HERRN und sagst: Es wird diesem Hause gehen wie Silo, daß niemand mehr darin wohne? Und das ganze Volk sammelte sich im Hause des HERRN wider Jeremia.

10 Da solches hörten die Fürsten Juda's gingen sie aus des Königs Hause hinauf ins Haus des HERRN und setzten sich vor das neue Tor des HERRN.

11 Und die Priester und Propheten sprachen vor den Fürsten und allem Volk: Dieser ist des Todes schuldig; denn er hat geweissagt wider diese Stadt, wie ihr mit euren Ohren gehört habt.

12 Aber Jeremia sprach zu allen Fürsten und zu allem Volk: Der HERR hat mich gesandt, daß ich solches alles, was ihr gehört habt, sollte weissagen wider dies Haus und wider diese Stadt.

13 So bessert nun euer Wesen und Wandel und gehorcht der Stimme des HERRN, eures Gottes, so wird den HERRN auch gereuen das Übel, das er wider euch geredet hat.

14 Siehe, ich bin in euren Händen; ihr mögt es machen mit mir, wie es euch recht und gut dünkt.

15 Doch sollt ihr wissen: wo ihr mich tötet, so werdet ihr unschuldig Blut laden auf euch selbst, auf diese Stadt und ihre Einwohner. Denn wahrlich, der HERR hat mich zu euch gesandt, daß ich solches alles vor euren Ohren reden soll.

16 Da sprachen die Fürsten und das ganze Volk zu den Priestern und Propheten: Dieser ist des Todes nicht schuldig; denn er hat zu uns geredet im Namen des HERRN, unsers Gottes.

17 Und es standen etliche der Ältesten im Lande und sprachen zum ganzen Haufen des Volks:

18 Zur Zeit Hiskias, des Königs in Juda, war ein Prophet, Micha von Moreseth, und sprach zum ganzen Volk Juda: So spricht der HERR Zebaoth: Zion wird wie ein Acker gepflügt werden, und Jerusalem wird zum Steinhaufen werden und der Berg des Tempels zu einer wilden Höhe.

19 Doch ließ ihn Hiskia, der König Juda's und das ganze Juda darum nicht töten; ja sie fürchteten vielmehr den HERRN und beteten vor dem HERRN. Da reute auch den HERRN das

Übel, das er wider sie geredet hatte. Darum täten wir sehr übel wider unsre Seelen.

20 So war auch einer, der im Namen des HERRN weissagte, Uria, der Sohn Semajas, von Kirjath-Jearim. Derselbe weissagte wider diese Stadt und wider das Land gleichwie Jeremia.

21 Da aber der König Jojakim und alle seine Gewaltigen und die Fürsten seine Worte hörten, wollte ihn der König töten lassen. Und Uria erfuhr das, fürchtete sich und floh und zog nach Ägypten.

22 Aber der König Jojakim schickte Leute nach Ägypten, Elnathan, den Sohn Achbors, und andere mit ihm;

23 die führten ihn aus Ägypten und brachten ihn zum König Jojakim; der ließ ihn mit dem Schwert töten und ließ seinen Leichnam unter dem gemeinen Pöbel begraben.

24 Aber mit Jeremia war die Hand Ahikams, des Sohnes Saphans, daß er nicht dem Volk in die Hände kam, daß sie ihn töteten.

27. Kapitel

*Jeremia fordert den König von Juda
und andere Könige auf, sich nach Gottes Willen
unter das Joch Babels zu beugen.*

1 Im Anfang des Königreichs Zedekia, des Sohnes Josias, des Königs in Juda, geschah dies

Wort vom HERRN zu Jeremia und sprach:

2 So spricht der HERR zu mir: Mache dir ein Joch und hänge es an deinen Hals

3 und schicke es zum König in Edom, zum König in Moab, zum König der Kinder Ammon, zum König von Tyrus und zum König zu Sidon durch die Boten, so zu Zedekia, dem König Juda's, gen Jerusalem gekommen sind,

4 und befiehl ihnen, daß sie ihren Herren sagen: So spricht der HERR Zebaoth, der Gott Israels: So sollt ihr euren Herren sagen:

5 Ich habe die Erde gemacht und Menschen und Vieh, so auf Erden sind, durch meine große Kraft und meinen ausgestreckten Arm und gebe sie, wem ich will.

6 Nun aber habe ich alle diese Lande gegeben in die Hand meines Knechtes Nebukadnezar, des Königs zu Babel, und habe ihm auch die wilden Tiere auf dem Felde gegeben, daß sie ihm dienen sollen.

7 Und sollen alle Völker dienen ihm und seinem Sohn und seines Sohnes Sohn, bis daß die Zeit seines Landes auch komme und er vielen Völkern und großen Königen diene.

8 Welches Volk aber und Königreich dem König zu Babel, Nebukadnezar, nicht dienen will, und wer seinen Hals nicht wird unter das Joch des Königs zu Babel geben, solch Volk will ich heimsuchen mit Schwert, Hunger und Pestilenz, spricht der HERR, bis daß ich sie durch seine Hand umbringe.

9 Darum, so gehorcht nicht euren Propheten, Weissagern, Traumdeutern, Tagewählern und Zauberern, die euch sagen: Ihr werdet nicht dienen müssen dem König zu Babel.

10 Denn sie weissagen euch falsch, auf daß sie euch fern aus eurem Lande bringen und ich euch ausstoße und ihr umkommt.

11 Denn welches Volk seinen Hals ergibt unter das Joch des Königs zu Babel und dient ihm, das will ich in seinem Lande lassen, daß es dasselbe baue und bewohne, spricht der HERR.

12 Und ich redete solches alles zu Zedekia, dem König Juda's, und sprach: Ergebt euren Hals unter das Joch des Königs zu Babel und dient ihm und seinem Volk, so sollt ihr lebendig bleiben.

13 Warum wollt ihr sterben, du und dein Volk, durch Schwert, Hunger und Pestilenz, wie denn der HERR geredet hat über das Volk, so dem König zu Babel nicht dienen will?

14 Darum gehorcht nicht den Worten der Propheten, die euch sagen: "Ihr werdet nicht dienen müssen dem König zu Babel!" Denn sie weissagen euch falsch,

15 und ich habe sie nicht gesandt, spricht der HERR; sondern sie weissagen falsch in meinem Namen, auf daß ich euch ausstoße und ihr umkommt samt den Propheten, die euch weissagen.

16 Und zu den Priestern und zu allem diesem Volk redete ich und sprach: So spricht der HERR:

Gehorcht nicht den Worten eurer Propheten, die euch weissagen und sprechen: "Siehe, die Gefäße aus dem Hause des HERRN werden nun bald von Babel wieder herkommen!" Denn sie weissagen euch falsch.

17 Gehorchet ihnen nicht, sondern dienet dem König zu Babel, so werdet ihr lebendig bleiben. Warum soll doch diese Stadt zur Wüste werden?

18 Sind sie aber Propheten und haben des HERRN Wort, so laßt sie vom HERRN Zebaoth erbitten, daß die übrigen Gefäße im Hause des HERRN und im Hause des Königs in Juda und zu Jerusalem nicht auch gen Babel geführt werden.

19 Denn also spricht der HERR Zebaoth von den Säulen und vom Meer und von dem Gestühl und von den Gefäßen, die noch übrig sind in dieser Stadt,

20 welche Nebukadnezar, der König zu Babel, nicht wegnahm, da er Jechonja, den Sohn Jojakims, den König Juda's, von Jerusalem wegführte gen Babel samt allen Fürsten in Juda und Jerusalem,

21 denn so spricht der HERR Zebaoth, der Gott Israels, von den Gefäßen, die noch übrig sind im Hause des HERRN und im Hause des Königs in Juda und zu Jerusalem:

22 Sie sollen gen Babel geführt werden und daselbst bleiben bis auf den Tag, da ich sie heimsuche, spricht der HERR, und ich sie wiederum herauf an diesen Ort bringen lasse.

28. Kapitel

Ein falscher Prophet, Hananja, widerspricht dem Jeremia. Dieser kündigt ihm den Tod an, der auch im nämlichen Jahr erfolgt.

1 Und in demselben Jahr, im Anfang des Königreiches Zedekias, des Königs in Juda, im fünften Monat des vierten Jahres, sprach Hananja, der Sohn Assurs, ein Prophet von Gibeon, zu mir im Hause des HERRN, in Gegenwart der Priester und alles Volks, und sagte:

2 So spricht der HERR Zebaoth der Gott Israels: Ich habe das Joch des Königs zu Babel zerbrochen;

3 und ehe zwei Jahre um sind, will ich alle Gefäße des Hauses des HERRN, welche Nebukadnezar, der Könige zu Babel, hat von diesem Ort weggenommen und gen Babel geführt, wiederum an diesen Ort bringen;

4 Dazu Jechonja, den Sohn Jojakims, den König Juda's samt allen Gefangenen aus Juda, die gen Babel geführt sind, will ich auch wieder an diesen Ort bringen, spricht der HERR; denn ich will das Joch des Königs zu Babel zerbrechen.

5 Da sprach der Prophet Jeremia zu dem Propheten Hananja in der Gegenwart der Priester und des ganzen Volks, die im Hause des HERRN standen,

6 und sagte: Amen! Der HERR tue also; der HERR bestätige dein Wort, das du geweissagt hast, daß er die Gefäße aus dem Hause des HERRN von Babel wieder bringe an diesen Ort samt allen Gefangenen.

7 Aber doch höre auch dies Wort, das ich vor deinen Ohren rede und vor den Ohren des ganzen Volks:

8 Die Propheten, die vor mir und vor dir gewesen sind von alters her, die haben wider viel Länder und Königreiche geweissagt von Krieg, von Unglück und von Pestilenz;

9 wenn aber ein Prophet von Frieden weissagt, den wird man kennen, ob ihn der HERR wahrhaftig gesandt hat, wenn sein Wort erfüllt wird.

10 Da nahm Hananja das Joch vom Halse des Propheten Jeremia und zerbrach es.

11 Und Hananja sprach in Gegenwart des ganzen Volks: So spricht der HERR: Ebenso will ich zerbrechen das Joch Nebukadnezars, des Königs zu Babel, ehe zwei Jahre um kommen, vom Halse aller Völker. Und der Prophet Jeremia ging seines Weges.

12 Aber des HERRN Wort geschah zu Jeremia, nachdem der Prophet Hananja das Joch zerbrochen hatte vom Halse des Propheten Jeremia und sprach:

13 Geh hin und sage Hananja: So spricht der HERR: Du hast das hölzerne Joch zerbrochen

und hast nun ein eisernes Joch an jenes Statt gemacht.

14 Denn so spricht der HERR Zebaoth, der Gott Israels: Ein eisernes Joch habe ich allen diesen Völkern an den Hals gehängt, damit sie dienen sollen Nebukadnezar, dem König zu Babel, und müssen ihm dienen; denn ich habe ihm auch die wilden Tiere gegeben.

15 Und der Prophet Jeremia sprach zum Propheten Hananja: Höre doch, Hananja! Der HERR hat dich nicht gesandt, und du hast gemacht, daß dies Volk auf Lügen sich verläßt.

16 Darum spricht der HERR also: Siehe, ich will dich vom Erdboden nehmen; dies Jahr sollst du sterben; denn du hast sie mit deiner Rede vom HERRN abgewendet.

17 Also starb der Prophet Hananja desselben Jahres im siebenten Monat.

29. Kapitel

Brief des Jeremia
an die gefangenen Juden zu Babel.
Strafankündigung gegen Semaja.

1 Dies sind die Worte in dem Brief, den der Prophet Jeremia sandte von Jerusalem an die übrigen Ältesten, die weggeführt waren, und an die Priester und Propheten und an das ganze

Volk, das Nebukadnezar von Jerusalem hatte weggeführt gen Babel

2 (nachdem der König Jechonja und die Königin mit den Kämmerern und Fürsten in Juda und Jerusalem samt den Zimmerleuten und Schmieden zu Jerusalem weg waren),

3 durch Eleasa, den Sohn Saphans, und Gemarja, den Sohn Hilkias, welche Zedekia, der König Juda's, sandte gen Babel zu Nebukadnezar, dem König zu Babel:

4 So spricht der HERR Zebaoth, der Gott Israels, zu allen Gefangenen, die ich habe von Jerusalem wegführen lassen gen Babel:

5 Bauet Häuser, darin ihr wohnen möget, pflanzet Gärten, daraus ihr Früchte essen möget;

6 nehmet Weiber und zeuget Söhne und Töchter; nehmet euren Söhnen Weiber und gebet euren Töchtern Männern, daß sie Söhne und Töchter zeugen; mehret euch daselbst, daß euer nicht wenig sei.

7 Suchet der Stadt Bestes, dahin ich euch habe lassen wegführen, und betet für sie zum HERRN; denn wenn's ihr wohl geht, so geht's auch euch wohl.

8 Denn so spricht der HERR Zebaoth, der Gott Israels: Laßt euch die Propheten, die bei euch sind, und die Wahrsager nicht betrügen und gehorcht euren Träumen nicht, die euch träumen.

9 Denn sie weissagen euch falsch in meinem Namen; ich habe sie nicht gesandt, spricht der HERR.

10 Denn so spricht der HERR: Wenn zu Babel siebzig Jahre aus sind, so will ich euch besuchen und will mein gnädiges Wort über euch erwecken, daß ich euch wieder an diesen Ort bringe.

11 Denn ich weiß wohl, was ich für Gedanken über euch habe, spricht der HERR: Gedanken des Friedens und nicht des Leidens, daß ich euch gebe das Ende, des ihr wartet.

12 Und ihr werdet mich anrufen und hingehen und mich bitten, und ich will euch erhören.

13 Ihr werdet mich suchen und finden. Denn so ihr mich von ganzem Herzen suchen werdet,

14 so will ich mich von euch finden lassen, spricht der HERR, und will euer Gefängnis wenden und euch sammeln aus allen Völkern und von allen Orten, dahin ich euch verstoßen habe, spricht der HERR, und will euch wiederum an diesen Ort bringen, von dem ich euch habe lassen wegführen.

15 Zwar ihr meint, der HERR habe euch zu Babel Propheten erweckt.

16 Aber also spricht der HERR vom König, der auf Davids Stuhl sitzt, und von euren Brüdern, die nicht mit euch gefangen hinausgezogen sind,

17 ja, also spricht der HERR Zebaoth: Siehe, ich will Schwert, Hunger und Pestilenz unter sie

schicken und will mit ihnen umgehen wie mit den schlechten Feigen, davor einen ekelt zu essen,

18 und will hinter ihnen her sein mit Schwert, Hunger und Pestilenz und will sie in keinem Königreich auf Erden bleiben lassen, daß sie sollen zum Fluch, zum Wunder, zum Hohn und zum Spott unter allen Völkern werden, dahin ich sie verstoßen werde,

19 darum daß sie meinen Worten nicht gehorchen, spricht der HERR, der ich meine Knechte, die Propheten, zu euch stets gesandt habe; aber ihr wolltet nicht hören, spricht der HERR.

20 Ihr aber alle, die ihr gefangen seid weggeführt, die ich von Jerusalem habe gen Babel ziehen lassen, hört des HERRN Wort!

21 So spricht der HERR Zebaoth, der Gott Israels, wider Ahab, den Sohn Kolajas, und wider Zedekia, den Sohn Maasejas, die euch falsch weissagen in meinem Namen; Siehe, ich will sie geben in die Hände Nebukadnezars, des Königs zu Babel; der soll sie totschlagen lassen vor euren Augen,

22 daß man wird aus ihnen einen Fluch machen unter allen Gefangenen aus Juda, die zu Babel sind, und sagen: Der HERR tue dir wie Zedekia und Ahab, welche der König zu Babel auf Feuer braten ließ,

23 darum daß sie eine Torheit in Israel begingen und trieben Ehebruch mit ihrer

Nächsten Weibern und predigten falsch in meinem Namen, was ich ihnen nicht befohlen hatte. Solches weiß ich und bezeuge es, spricht der HERR.

24 Und wider Semaja von Nehalam sollst du sagen:

25 So spricht der HERR Zebaoth, der Gott Israels: Darum daß du unter deinem Namen hast Briefe gesandt an alles Volk, das zu Jerusalem ist, und an den Priester Zephanja, den Sohn Maasejas, und an alle Priester und gesagt:

26 Der HERR hat dich zum Priester gesetzt anstatt des Priesters Jojada, daß ihr sollt Aufseher sein im Hause des HERRN über alle Wahnsinnigen und Weissager, daß du sie in den Kerker und Stock legst.

27 Nun, warum strafst du denn nicht Jeremia von Anathoth, der euch weissagt?

28 darum, daß er uns gen Babel geschickt hat und lassen sagen: Es wird noch lange währen; baut Häuser, darin ihr wohnt, und pflanzt Gärten, daß ihr die Früchte davon eßt.

29 Denn Zephanja, der Priester, hatte denselben Brief gelesen und den Propheten Jeremia lassen zuhören.

30 Darum geschah des HERRN Wort zu Jeremia und sprach:

31 Sende hin zu allen Gefangenen und laß ihnen sagen: So spricht der HERR wider Semaja von Nehalam: Darum daß euch Semaja weissagt,

und ich habe ihn doch nicht gesandt, und macht, daß ihr auf Lügen vertraut,

32 darum spricht der HERR also: Siehe, ich will Semaja von Nehalam heimsuchen samt seinem Samen, daß der Seinen keiner soll unter diesem Volk bleiben, und soll das Gute nicht sehen, das ich meinem Volk tun will, spricht der HERR; denn er hat sie mit seiner Rede vom HERRN abgewendet.

30. Kapitel

Weissagung von der Erlösung Israels und Judas und der Zukunft der Gesalbten.

1 Dies ist das Wort, das vom HERRN geschah zu Jeremia:

2 So spricht der HERR, der Gott Israels: Schreibe dir alle Worte in ein Buch, die ich zu dir rede.

3 Denn siehe, es kommt die Zeit, spricht der HERR, daß ich das Gefängnis meines Volkes Israel und Juda wenden will, spricht der HERR, und will sie wiederbringen in das Land, das ich ihren Vätern gegeben habe, daß sie es besitzen sollen.

4 Dies sind aber die Worte, welche der HERR redet von Israel und Juda:

5 So spricht der HERR: Wir hören ein Geschrei des Schreckens; es ist eitel Furcht da und kein Friede.

6 Forschet doch und sehet, ob ein Mann gebären könne? Wie geht es denn zu, daß ich alle Männer sehe ihre Hände auf ihren Hüften haben wie Weiber in Kindsnöten und alle Angesichter sind bleich?

7 Es ist ja ein großer Tag, und seinesgleichen ist nicht gewesen, und ist eine Zeit der Angst in Jakob; doch soll ihm daraus geholfen werden.

8 Es soll aber geschehen zu derselben Zeit, spricht der HERR Zebaoth, daß ich sein Joch von deinem Halse zerbrechen will und deine Bande zerreißen, daß er nicht mehr den Fremden dienen muß,

9 sondern sie werden dem HERRN, ihrem Gott, dienen und ihrem König David, welchen ich ihnen erwecken will.

10 Darum fürchte du dich nicht, mein Knecht Jakob, spricht der HERR, und entsetze dich nicht Israel. Denn siehe, ich will dir helfen aus fernen Landen und deinen Samen aus dem Lande des Gefängnisses, daß Jakob soll wiederkommen, in Frieden leben und Genüge haben, und niemand soll ihn schrecken.

11 Denn ich bin bei dir, spricht der HERR, daß ich dir helfe. Denn ich will mit allen Heiden ein Ende machen, dahin ich dich zerstreut habe; aber mit dir will ich nicht ein Ende machen;

züchtigen aber will ich dich mit Maßen, daß du dich nicht für unschuldig haltest.

12 Denn also spricht der HERR: Dein Schade ist verzweifelt böse, und deine Wunden sind unheilbar.

13 Deine Sache behandelt niemand, daß er dich verbände; es kann dich niemand heilen.

14 Alle deine Liebhaber vergessen dein, und fragen nichts darnach. Ich habe dich geschlagen, wie ich einen Feind schlüge, mit unbarmherziger Staupe um deiner großen Missetat und deiner starken Sünden willen.

15 Was schreist du über deinen Schaden und über dein verzweifelt böses Leiden? Habe ich dir doch solches getan um deiner großen Missetat und um deiner starken Sünden willen.

16 Darum alle, die dich gefressen haben, sollen gefressen werden, und alle, die dich geängstet haben, sollen alle gefangen werden; die dich beraubt haben sollen beraubt werden, und alle, die dich geplündert haben, sollen geplündert werden.

17 Aber dich will ich wieder gesund machen und deine Wunden heilen, spricht der HERR, darum, daß man dich nennt die Verstoßene und Zion, nach der niemand frage.

18 So spricht der HERR: Siehe, ich will das Gefängnis der Hütten Jakobs wenden und mich über seine Wohnungen erbarmen, und die Stadt soll wieder auf ihre Hügel gebaut werden, und der Tempel soll stehen nach seiner Weise.

19 Und soll von dannen herausgehen Lob- und Freudengesang; denn ich will sie mehren und nicht mindern, ich will sie herrlich machen und nicht geringer.

20 Ihre Söhne sollen sein gleichwie vormals und ihre Gemeinde vor mir gedeihen; denn ich will heimsuchen alle, die sie plagen.

21 Und ihr Fürst soll aus ihnen herkommen und ihr Herrscher von ihnen ausgehen, und er soll zu mir nahen; denn wer ist der, so mit willigem Herzen zu mir naht? spricht der HERR.

22 Und ihr sollt mein Volk sein, und ich will euer Gott sein.

23 Siehe, es wird ein Wetter des HERRN mit Grimm kommen; ein schreckliches Ungewitter wird den Gottlosen auf den Kopf fallen.

24 Des HERRN grimmiger Zorn wird nicht nachlassen, bis er tue und ausrichte, was er im Sinn hat; zur letzten Zeit werdet ihr solches erfahren.

31. Kapitel

Fernere Weissagung vom künftigen Heil Israels und Judas und vom neuen Bund.

1 Zu derselben Zeit, spricht der HERR, will ich aller Geschlechter Israels Gott sein, und sie sollen mein Volk sein.

2 So spricht der HERR: Das Volk, so übriggeblieben ist vom Schwert, hat Gnade gefunden in der Wüste; Israel zieht hin zu seiner Ruhe.

3 Der HERR ist mir erschienen von ferne: Ich habe dich je und je geliebt; darum habe ich dich zu mir gezogen aus lauter Güte.

4 Wohlan, ich will dich wiederum bauen, daß du sollst gebaut heißen, du Jungfrau Israel; du sollst noch fröhlich pauken und herausgehen an den Tanz.

5 Du sollst wiederum Weinberge pflanzen an den Bergen Samarias; pflanzen wird man sie und ihre Früchte genießen.

6 Denn es wird die Zeit noch kommen, daß die Hüter an dem Gebirge Ephraim werden rufen: Wohlauf, und laßt uns hinaufgehen gen Zion zu dem HERRN, unserm Gott!

7 Denn also spricht der HERR: Rufet über Jakob mit Freuden und jauchzet über das Haupt unter den Heiden; rufet laut, rühmet und sprecht: HERR, hilf deinem Volk, den übrigen in Israel!

8 Siehe, ich will sie aus dem Lande der Mitternacht bringen und will sie sammeln aus den Enden der Erde, Blinde und Lahme, Schwangere und Kindbetterinnen, daß sie in großen Haufen wieder hierher kommen sollen.

9 Sie werden weinend kommen und betend, so will ich sie leiten; ich will sie leiten an den Wasserbächen auf schlichtem Wege, daß sie

sich nicht stoßen; denn ich bin Israels Vater, so ist Ephraim mein erstgeborenen Sohn.

10 Höret ihr Heiden, des HERRN Wort und verkündigt es fern in die Inseln und sprecht: Der Israel zerstreut hat, der wird's auch wieder sammeln und wird sie hüten wie ein Hirte seine Herde.

11 Denn der HERR wird Jakob erlösen und von der Hand des Mächtigen erretten.

12 Und sie werden kommen und auf der Höhe Zion jauchzen und werden zu den Gaben des HERRN laufen, zum Getreide, Most, Öl, und jungen Schafen und Ochsen, daß ihre Seele wird sein wie ein wasserreicher Garten und sie nicht mehr bekümmert sein sollen.

13 Alsdann werden auch die Jungfrauen fröhlich am Reigen sein, dazu die junge Mannschaft und die Alten miteinander. Denn ich will ihr Trauern in Freude verkehren und sie trösten und sie erfreuen nach ihrer Betrübnis.

14 Und ich will der Priester Herz voller Freude machen, und mein Volk soll meiner Gaben die Fülle haben, spricht der HERR.

15 So spricht der HERR: Man hört eine klägliche Stimme und bitteres Weinen auf der Höhe; Rahel weint über ihre Kinder und will sich nicht trösten lassen über ihre Kinder, denn es ist aus mit ihnen.

16 Aber der HERR spricht also: Laß dein Schreien und Weinen und die Tränen deiner Augen; denn deine Arbeit wird wohl belohnt

werden, spricht der HERR. Sie sollen wiederkommen aus dem Lande des Feindes;

17 und deine Nachkommen haben viel Gutes zu erwarten, spricht der HERR; denn deine Kinder sollen wieder in ihre Grenze kommen.

18 Ich habe wohl gehört, wie Ephraim klagt: "Du hast mich gezüchtigt, und ich bin auch gezüchtigt wie ein ungebändigtes Kalb; bekehre mich du, so werde ich bekehrt; denn du, HERR, bist mein Gott.

19 Da ich bekehrt ward, tat ich Buße; denn nachdem ich gewitzigt bin, schlage ich mich auf die Hüfte. Ich bin zu Schanden geworden und stehe schamrot; denn ich muß leiden den Hohn meiner Jugend."

20 Ist nicht Ephraim mein teurer Sohn und mein trautes Kind? Denn ich gedenke noch wohl daran, was ich ihm geredet habe; darum bricht mir mein Herz gegen ihn, daß ich mich sein erbarmen muß, spricht der HERR.

21 Richte dir Denkmale auf, setze dir Zeichen und richte dein Herz auf die gebahnte Straße, darauf du gewandelt hast; kehre wieder, Jungfrau Israel, kehre dich wieder zu diesen deinen Städten!

22 Wie lange willst du in der Irre gehen, du abtrünnige Tochter? Denn der HERR wird ein Neues im Lande erschaffen: das Weib wird den Mann umgeben.

23 So spricht der HERR Zebaoth, der Gott Israels: Man wird noch dies Wort wieder reden

im Lande Juda und in seinen Städten, wenn ich ihr Gefängnis wenden werde: Der HERR segne dich, du Wohnung der Gerechtigkeit, du heiliger Berg!

24 Und Juda samt allen seinen Städten sollen darin wohnen, dazu Ackerleute und die mit Herden umherziehen;

25 denn ich will die müden Seelen erquicken und die bekümmerten Seelen sättigen.

26 Darüber bin ich aufgewacht und sah auf und hatte so sanft geschlafen.

27 Siehe, es kommt die Zeit, spricht der HERR, daß ich das Haus Israel und das Haus Juda besäen will mit Menschen und mit Vieh.

28 Und gleichwie ich über sie gewacht habe, auszureuten (auszureißen), zu zerreißen, abzubrechen, zu verderben und zu plagen: also will ich über sie wachen, zu bauen und zu pflanzen, spricht der HERR.

29 Zu derselben Zeit wird man nicht mehr sagen: "Die Väter haben Herlinge gegessen, und der Kinder Zähne sind stumpf geworden":

30 sondern ein jeglicher soll um seiner Missetat willen sterben, und welcher Mensch Herlinge ißt, dem sollen seine Zähne stumpf werden.

31 Siehe, es kommt die Zeit, spricht der HERR, da will ich mit dem Hause Israel und mit dem Hause Juda einen neuen Bund machen;

32 nicht wie der Bund gewesen ist, den ich mit ihren Vätern machte, da ich sie bei der Hand nahm, daß ich sie aus Ägyptenland führte,

welchen Bund sie nicht gehalten haben, und ich sie zwingen mußte, spricht der HERR;

33 sondern das soll der Bund sein, den ich mit dem Hause Israel machen will nach dieser Zeit, spricht der HERR: Ich will mein Gesetz in ihr Herz geben und in ihren Sinn schreiben; und sie sollen mein Volk sein, so will ich ihr Gott sein;

34 und wird keiner den andern noch ein Bruder den andern lehren und sagen: "Erkenne den HERRN", sondern sie sollen mich alle kennen, beide, klein und groß, spricht der Herr. Denn ich will ihnen ihre Missetat vergeben und ihrer Sünden nimmermehr gedenken.

35 So spricht der HERR, der die Sonne dem Tage zum Licht gibt und den Mond und die Sterne nach ihrem Lauf der Nacht zum Licht; der das Meer bewegt, daß seine Wellen brausen, HERR Zebaoth ist sein Name:

36 Wenn solche Ordnungen vergehen vor mir, spricht der HERR, so soll auch aufhören der Same Israels, daß er nicht mehr ein Volk vor mir sei ewiglich.

37 So spricht der HERR: Wenn man den Himmel oben kann messen und den Grund der Erde erforschen, so will ich auch verwerfen den ganzen Samen Israels um alles, was sie tun, spricht der HERR.

38 Siehe, es kommt die Zeit, spricht der HERR, daß die Stadt des HERRN soll gebaut werden vom Turm Hananeel an bis ans Ecktor;

39 und die Richtschnur wird neben demselben weiter herausgehen bis an den Hügel Gareb und sich gen Goath wenden;

40 und das Tal der Leichen und Asche samt dem ganzen Acker bis an den Bach Kidron, bis zur Ecke am Roßtor gegen Morgen, wird dem Herrn heilig sein, daß es nimmermehr zerrissen noch abgebrochen soll werden.

32. Kapitel

Jeremia kauft zum Zeichen der Wiederankunft aus Babel einen Acker, betet und erhält auf Neue die göttliche Verheißung der Erlösung Israels.

1 Dies ist das Wort, das vom HERRN geschah zu Jeremia im zehnten Jahr Zedekias, des Königs in Juda, welches ist das achtzehnte Jahr Nebukadnezars.

2 Dazumal belagerte das Heer des Königs zu Babel Jerusalem. Aber der Prophet Jeremia lag gefangen im Vorhof des Gefängnisses am Hause des Königs in Juda,

3 dahin Zedekia, der König Juda's, ihn hatte lassen verschließen und gesagt: Warum weissagst du und sprichst: So spricht der HERR: Siehe, ich gebe diese Stadt in die Hände des Königs zu Babel, und er soll sie gewinnen;

4 und Zedekia, der König Juda's, soll den Chaldäern nicht entrinnen, sondern ich will ihn

dem König zu Babel in die Hände geben, daß er mündlich mit ihm reden und mit seinen Augen ihn sehen soll.

5 Und er wird Zedekia gen Babel führen; da soll er auch bleiben, bis daß ich ihn heimsuche, spricht der HERR; denn ob ihr schon wider die Chaldäer streitet, soll euch doch nichts gelingen.

6 Und Jeremia sprach: Es ist des HERRN Wort geschehen zu mir und spricht:

7 Siehe, Hanameel, der Sohn Sallums, deines Oheims (deinem Onkel), kommt zu dir und wird sagen: Kaufe du meinen Acker zu Anathoth; denn du hast das nächste Freundrecht dazu, daß du ihn kaufen sollst.

8 Also kam Hanameel, meines Oheims Sohn, wie der HERR gesagt hatte, zu mir in den Hof des Gefängnisses und sprach zu mir: Kaufe doch meinen Acker zu Anathoth, der im Lande Benjamin liegt; denn du hast Erbrecht dazu, und du bist der nächste; kaufe du ihn! Da merkte ich, daß es des Herrn Wort wäre,

9 und kaufte den Acker von Hanameel, meines Oheims Sohn, zu Anathoth, und wog ihm das Geld dar, siebzehn Silberlinge.

10 Und ich schrieb einen Brief und versiegelte ihn und nahm Zeugen dazu und wog das Geld dar auf einer Waage

11 und nahm zu mir den versiegelten Kaufbrief nach Recht und Gewohnheit und eine offene Abschrift

12 und gab den Kaufbrief Baruch, dem Sohn Nerias, des Sohnes Maasejas, in Gegenwart Hanameels, meines Vetters, und der Zeugen, die im Kaufbrief geschrieben standen, und aller Juden, die im Hofe des Gefängnisses saßen,

13 und befahl Baruch vor ihren Augen und sprach:

14 So spricht der HERR Zebaoth, der Gott Israels: Nimm diese Briefe, den versiegelten Kaufbrief samt dieser offenen Abschrift, und lege sie in ein irdenes Gefäß, daß sie lange bleiben mögen.

15 Denn so spricht der HERR Zebaoth, der Gott Israels: Noch soll man Häuser, Äcker und Weinberge kaufen in diesem Lande.

16 Und da ich den Kaufbrief hatte Baruch, dem Sohn Nerias, gegeben, betete ich zum HERRN und sprach:

17 Ach HERR HERR, siehe, du hast Himmel und Erde gemacht durch deine große Kraft und durch deinen ausgestreckten Arm, und ist kein Ding vor dir unmöglich;

18 der du wohltust vielen Tausenden und vergiltst die Missetat der Väter in den Busen ihrer Kinder nach ihnen, du großer und starker Gott; HERR Zebaoth ist dein Name;

19 groß von Rat und mächtig von Tat, und deine Augen stehen offen über alle Wege der Menschenkinder, daß du einem jeglichen gibst nach seinem Wandel und nach der Frucht seines Wesens;

20 der du in Ägyptenland hast Zeichen und Wunder getan bis auf diesen Tag, an Israel und den Menschen, und hast dir einen Namen gemacht, wie er heutigestages ist;

21 und hast dein Volk Israel aus Ägyptenland geführt durch Zeichen und Wunder, durch deine mächtige Hand, durch ausgestrecktem Arm und durch großen Schrecken;

22 und hast ihnen dies Land gegeben, welches du ihren Vätern geschworen hattest, daß du es ihnen geben wolltest, ein Land, darin Milch und Honig fließt:

23 und da sie hineinkamen und es besaßen, gehorchten sie deiner Stimme nicht, wandelten auch nicht nach deinem Gesetz; und alles, was du ihnen gebotest, daß sie es tun sollten, das ließen sie; darum du auch ihnen all dies Unglück ließest widerfahren;

24 siehe, diese Stadt ist belagert, daß sie gewonnen und vor Schwert, Hunger und Pestilenz in der Chaldäer Hände, welche wider sie streiten, gegeben werden muß; und wie du geredet hast, so geht es, das siehest du,

25 und du sprichst zu mir, HERR HERR: "Kaufe du einen Acker um Geld und nimm Zeugen dazu", so doch die Stadt in der Chaldäer Hände gegeben wird.

26 Und des HERRN Wort geschah zu Jeremia und sprach:

27 Siehe, ich, der HERR, bin ein Gott alles Fleisches; sollte mir etwas unmöglich sein?

28 Darum spricht der HERR also: Siehe, ich gebe diese Stadt in der Chaldäer Hände und in die Hand Nebukadnezars, des Königs zu Babel; und er soll sie gewinnen.

29 Und die Chaldäer, so wider diese Stadt streiten, werden hereinkommen und sie mit Feuer verbrennen samt den Häusern, wo sie auf den Dächern Baal geräuchert und andern Göttern Trankopfer geopfert haben, auf daß sie mich erzürnten.

30 Denn die Kinder Israel und die Kinder Juda haben von ihrer Jugend auf getan, was mir übel gefällt; und die Kinder Israel haben mich erzürnt durch ihrer Hände Werk, spricht der HERR.

31 Denn seitdem diese Stadt gebaut ist, bis auf diesen Tag, hat sie mich zornig gemacht, daß ich sie muß von meinem Angesicht wegtun

32 um aller Bosheit willen der Kinder Israel und der Kinder Juda, die sie getan haben, daß sie mich erzürnten. Sie, ihre Könige, Fürsten, Priester und Propheten und die in Juda und Jerusalem wohnen,

33 haben mir den Rücken und nicht das Angesicht zugekehrt, wiewohl ich sie stets lehren ließ; aber sie wollten nicht hören noch sich bessern.

34 Dazu haben sie ihre Gräuel in das Haus gesetzt, das von mir den Namen hat, daß sie es verunreinigten,

35 und haben die Höhen des Baal gebaut im Tal Ben-Hinnom, daß sie ihre Söhne und Töchter

dem Moloch verbrennten, davon ich ihnen nichts befohlen habe und ist mir nie in den Sinn gekommen, daß sie solche Gräuel tun sollten, damit sie Juda also zu Sünden brächten.

36 Und nun um deswillen spricht der HERR, der Gott Israels, also von dieser Stadt, davon ihr sagt, daß sie werde vor Schwert, Hunger und Pestilenz in die Hände des Königs zu Babel gegeben:

37 Siehe, ich will sie sammeln aus allen Landen, dahin ich sie verstoße [verstoßen habe (11)] durch meinen Zorn, Grimm und große Ungnade, und will sie wiederum an diesen Ort bringen, daß sie sollen sicher wohnen.

38 Und sie sollen mein Volk sein, so will ich ihr Gott sein;

39 und ich will ihnen einerlei Herz und Wesen geben, daß sie mich fürchten sollen ihr Leben lang, auf daß es ihnen und ihren Kindern nach ihnen wohl gehe;

40 und will einen ewigen Bund mit ihnen machen, daß ich nicht will ablassen, ihnen Gutes zu tun; und will ihnen meine Furcht ins Herz geben, daß sie nicht von mir weichen;

41 und soll meine Lust sein, daß ich ihnen Gutes tue; und ich will sie in diesem Lande pflanzen treulich, von ganzem Herzen und von ganzer Seele.

42 Denn so spricht der HERR: Gleichwie ich über dies Volk habe kommen lassen all dies große Unglück, also will ich auch alles Gute über

sie kommen lassen, das ich ihnen verheißen habe.

43 Und sollen noch Äcker gekauft werden in diesem Lande, davon ihr sagt, es werde wüst liegen, daß weder Leute noch Vieh darin bleiben, und es werde in der Chaldäer Hände gegeben.

44 Dennoch wird man Äcker um Geld kaufen und verbriefen, versiegeln und bezeugen im Lande Benjamin und um Jerusalem her und in den Städten Juda's, in Städten auf den Gebirgen, in Städten in den Gründen und in Städten gegen Mittag; denn ich will ihr Gefängnis wenden [denn ich werde ihr Geschick wenden (12)], spricht der HERR.

33. Kapitel

Weissagung von der Erlösung von Babel,
von dem Messias und von dem ewigen Bund Gottes.

1 Und des HERRN Wort geschah zu Jeremia zum andernmal, da er noch im Vorhof des Gefängnisses verschlossen war, und sprach:

2 So spricht der HERR, der solches macht, tut und ausrichtet, HERR ist sein Name:

3 Rufe mich an, so will ich dir antworten und will dir anzeigen große und gewaltige Dinge, die du nicht weißt.

4 Denn so spricht der HERR, der Gott Israels, von den Häusern dieser Stadt und von den Häusern der Könige Juda's, welche abgebrochen sind, Bollwerke zu machen zur Wehr.

5 Und von denen, so hereingekommen sind, wider die Chaldäer zu streiten, daß sie diese füllen müssen mit Leichnamen der Menschen, welche ich in meinem Zorn und Grimm erschlagen will; denn ich habe mein Angesicht vor dieser Stadt verborgen um all ihrer Bosheit willen:

6 Siehe, ich will sie heilen und gesund machen und will ihnen Frieden und Treue die Fülle gewähren.

7 Denn ich will das Gefängnis Juda's und das Gefängnis Israels wenden und will sie bauen wie von Anfang

8 und will sie reinigen von aller Missetat, damit sie wider mich gesündigt haben, und will ihnen vergeben alle Missetaten, damit sie wider mich gesündigt und übertreten haben.

9 Und das soll mir ein fröhlicher Name, Ruhm und Preis sein unter allen Heiden auf Erden, wenn sie hören werden all das Gute, das ich ihnen tue. Und sie werden sich verwundern und entsetzen über all dem Guten und über all dem Frieden, den ich ihnen geben will.

10 So spricht der HERR: An diesem Ort, davon ihr sagt: Er ist wüst, weil weder Leute noch Vieh in den Städten Juda's und auf den Gassen zu

Jerusalem bleiben, die so verwüstet sind, daß weder Leute noch Vieh darin sind,

11 wird man dennoch wiederum hören Geschrei von Freude und Wonne, die Stimme des Bräutigams und der Braut und die Stimme derer, so da sagen: "Danket dem HERRN Zebaoth, denn er ist freundlich, und seine Güte währet ewiglich", wenn sie Dankopfer bringen zum Hause des HERRN. Denn ich will des Landes Gefängnis wenden [ich will das Geschick des Landes wenden (13)] wie von Anfang, spricht der HERR.

12 So spricht der HERR Zebaoth: An diesem Ort, der so wüst ist, daß weder Leute noch Vieh darin sind, und in allen seinen Städten werden dennoch wiederum Wohnungen sein der Hirten, die da Herden weiden.

13 In Städten auf den Gebirgen und in Städten in Gründen und in Städten gegen Mittag, im Lande Benjamin und um Jerusalem her und in Städten Juda's sollen dennoch wiederum die Herden gezählt aus und ein gehen, spricht der HERR.

14 Siehe, es kommt die Zeit, spricht der HERR, daß ich das gnädige Wort erwecken will, welches ich dem Hause Israel und dem Hause Juda geredet habe.

15 In denselben Tagen und zu derselben Zeit will ich dem David ein gerechtes Gewächs aufgehen lassen, und er soll Recht und Gerechtigkeit anrichten auf Erden.

16 Zu derselben Zeit soll Juda geholfen werden und Jerusalem sicher wohnen, und man wird sie nennen: Der HERR unsre Gerechtigkeit.

17 Denn so spricht der HERR: Es soll nimmermehr fehlen, es soll einer von David sitzen auf dem Stuhl des Hauses Israel.

18 Desgleichen soll's nimmermehr fehlen, es sollen Priester und Leviten sein vor mir, die da Brandopfer tun und Speisopfer anzünden und Opfer schlachten ewiglich.

19 Und des HERRN Wort geschah zu Jeremia und sprach:

20 So spricht der HERR: Wenn mein Bund aufhören wird mit Tag und Nacht, daß nicht Tag und Nacht sei zu seiner Zeit,

21 so wird auch mein Bund aufhören mit meinem Knechte David, daß er nicht einen Sohn habe zum König auf seinem Stuhl, und mit den Leviten und Priestern, meinen Dienern.

22 Wie man des Himmels Heer nicht zählen noch den Sand am Meer messen kann, also will ich mehren den Samen Davids, meines Knechtes, und die Leviten, die mir dienen.

23 Und des HERRN Wort geschah zu Jeremia und sprach:

24 Hast du nicht gesehen, was dies Volk redet und spricht: "Hat doch der HERR auch die zwei Geschlechter verworfen, welche er auserwählt hatte"; und lästern mein Volk, als sollten sie nicht mehr mein Volk sein.

25 So spricht der HERR: Halte ich meinen Bund nicht Tag und Nacht noch die Ordnungen des Himmels und der Erde,

26 so will ich auch verwerfen den Samen Jakobs und Davids, meines Knechtes, daß ich nicht aus ihrem Samen nehme, die da herrschen über den Samen Abrahams, Isaaks und Jakobs. Denn ich will ihr Gefängnis wenden [ich werde ihr Geschick wenden (14)] und mich über sie erbarmen.

34. Kapitel

Dem König Zedekia und seinem Volk wird die göttliche Strafe wegen Übertretung des Gesetzes vom Freijahr (15) angekündigt.

1 Dies ist das Wort, das vom HERRN geschah zu Jeremia, da Nebukadnezar, der König zu Babel, samt seinem Heer und allen Königreichen auf Erden, so unter seiner Gewalt waren, und allen Völkern stritt wider Jerusalem und alle ihre Städte, und sprach:

2 So spricht der HERR, der Gott Israels: Gehe hin und sage Zedekia, dem König Juda's, und sprich zu ihm: So spricht der HERR: Siehe, ich will diese Stadt in die Hände des Königs zu Babel geben, und er soll sie mit Feuer verbrennen.

3 Und du sollst seiner Hand nicht entrinnen, sondern gegriffen und in seine Hand gegeben werden, daß du ihn mit Augen sehen und mündlich mit ihm reden wirst, und gen Babel kommen.

4 Doch aber höre, Zedekia, du König Juda's, des HERRN Wort: So spricht der HERR von dir: Du sollst nicht durchs Schwert sterben,

5 sondern du sollst im Frieden sterben. Und wie deinen Vätern, den vorigen Königen, die vor dir gewesen sind, so wird man auch dir einen Brand anzünden und dich beklagen: "Ach Herr!" denn ich habe es geredet, spricht der HERR.

6 Und der Prophet Jeremia redete alle diese Worte zu Zedekia, dem König Juda's, zu Jerusalem,

7 da das Heer des Königs zu Babel schon stritt wider Jerusalem und wider alle übrigen Städte Juda's, nämlich wider Lachis und Aseka; denn diese waren noch übriggeblieben von den festen Städten Juda's.

8 Dies ist das Wort, so vom HERRN geschah zu Jeremia, nachdem der König Zedekia einen Bund gemacht hatte mit dem ganzen Volk zu Jerusalem, ein Freijahr auszurufen,

9 daß ein jeglicher seinen Knecht und seine Magd, so Hebräer und Hebräerin wären, sollte freigeben, daß kein Jude den andern leibeigen hielte.

10 Da gehorchten alle Fürsten und alles Volk, die solchen Bund eingegangen waren, daß ein

jeglicher sollte seinen Knecht und seine Magd freigeben und sie nicht mehr leibeigen halten, und gaben sie los.

11 Aber darnach kehrten sie sich um und forderten die Knechte und Mägde wieder zu sich, die sie freigegeben hatten, und zwangen sie, daß sie Knechte und Mägde sein mußten.

12 Da geschah des HERRN Wort zu Jeremia vom HERRN und sprach:

13 So spricht der HERR, der Gott Israels: Ich habe einen Bund gemacht mit euren Vätern, da ich sie aus Ägyptenland, aus dem Diensthause, führte und sprach:

14 Im siebenten Jahr soll ein jeglicher seinen Bruder, der ein Hebräer ist und sich ihm verkauft und sechs Jahre gedient hat, frei von sich lassen. Aber eure Väter gehorchten mir nicht und neigten ihre Ohren nicht.

15 So habt ihr euch heute bekehrt und getan, was mir wohl gefiel, daß ihr ein Freijahr ließet ausrufen, ein jeglicher seinem Nächsten; und habt darüber einen Bund gemacht vor mir im Hause, das nach meinem Namen genannt ist.

16 Aber ihr seid umgeschlagen und entheiligt meinen Namen; und ein jeglicher fordert seinen Knecht und seine Magd wieder, die ihr hattet freigegeben, daß sie selbst eigen wären, und zwingt sie nun, daß sie eure Knechte und Mägde sein müssen.

17 Darum spricht der HERR also: Ihr gehorchtet mir nicht, daß ihr ein Freijahr ausriefet ein

jeglicher seinem Bruder und seinem Nächsten; siehe, so rufe ich, spricht der HERR, euch ein Freijahr aus zum Schwert, zur Pestilenz, zum Hunger, und will euch in keinem Königreich auf Erden bleiben lassen.

18 Und will die Leute, die meinen Bund übertreten und die Worte des Bundes, den sie vor mir gemacht haben, nicht halten, so machen wie das Kalb, das sie in zwei Stücke geteilt haben und sind zwischen den Teilen hingegangen,

19 nämlich die Fürsten Juda's, die Fürsten Jerusalems, die Kämmerer, die Priester und das ganze Volk im Lande, so zwischen des Kalbes Stücken hingegangen sind.

20 Und will sie geben in ihrer Feinde Hand und derer, die ihnen nach dem Leben stehen, daß ihre Leichname sollen den Vögeln unter dem Himmel und den Tieren auf Erden zur Speise werden.

21 Und Zedekia, den König Juda's, und seine Fürsten will ich geben in die Hände ihrer Feinde und derer, die ihnen nach dem Leben stehen, und dem Heer des Königs zu Babel, die jetzt von euch abgezogen sind.

22 Denn siehe, ich will ihnen befehlen, spricht der HERR, und will sie wieder vor diese Stadt bringen, und sollen wider sie streiten und sie gewinnen und mit Feuer verbrennen; und ich will die Städte Juda's verwüsten, daß niemand mehr da wohnen soll.

35. Kapitel

Der Gehorsam der Rechabiter gegen die Gebote ihres Stammvaters wird dem Ungehorsam des jüdischen Volkes gegen Gott entgegengestellt.

1 Dies ist das Wort, das vom HERRN geschah zu Jeremia zur Zeit Jojakims, des Sohnes Josias, des Königs in Juda, und sprach:

2 Gehe hin zum Hause der Rechabiter und rede mit ihnen und führe sie in des HERRN Haus, in der Kapellen [in eine der Kammern (16)] eine, und schenke ihnen Wein.

3 Da nahm ich Jaasanja, den Sohn Jeremia's, des Sohnes Habazinjas, samt seinen Brüdern und allen seinen Söhnen und das ganze Haus der Rechabiter

4 und führte sie in des HERRN Haus, in die Kapelle der Kinder Hanans, des Sohnes Jigdaljas, des Mannes Gottes, welche neben der Fürstenkapelle ist, über der Kapelle Maasejas, des Sohnes Sallums, des Torhüters.

5 Und ich setzte den Kindern von der Rechabiter Hause Becher voll Wein und Schalen vor und sprach zu ihnen: Trinkt Wein!

6 Sie aber antworteten: Wir trinken nicht Wein; denn unser Vater Jonadab, der Sohn Rechabs, hat uns geboten und gesagt: Ihr und eure Kinder sollt nimmermehr Wein trinken

7 und kein Haus bauen, keinen Samen säen, keinen Weinberg pflanzen noch haben, sondern

sollt in Hütten wohnen euer Leben lang, auf daß ihr lange lebt in dem Lande, darin ihr wallt.

8 Also gehorchen wir der Stimme unsers Vaters Jonadab, des Sohnes Rechabs, in allem, was er uns geboten hat, daß wir keinen Wein trinken unser Leben lang, weder wir noch unsre Weiber noch Söhne noch Töchter,

9 und bauen auch keine Häuser, darin wir wohnten, und haben weder Weinberge noch Äcker noch Samen,

10 sondern wohnen in Hütten und gehorchen und tun alles, wie unser Vater Jonadab geboten hat.

11 Als aber Nebukadnezar, der König zu Babel, herauf ins Land zog, sprachen wir: "Kommt, laßt uns gen Jerusalem ziehen vor dem Heer der Chaldäer und der Syrer!" und sind also zu Jerusalem geblieben.

12 Da geschah des HERRN Wort zu Jeremia und sprach:

13 So spricht der HERR Zebaoth, der Gott Israels; gehe hin und sprich zu denen in Juda und zu den Bürgern zu Jerusalem: Wollt ihr euch denn nicht bessern, daß ihr meinem Wort gehorcht? spricht der HERR.

14 Die Worte Jonadabs, des Sohnes Rechabs, die er den Kindern geboten hat, daß sie nicht sollen Wein trinken, werden gehalten, und sie trinken keinen Wein bis auf diesen Tag, darum daß sie ihres Vaters Gebot gehorchen. Ich aber

habe stets euch predigen lassen; doch gehorchtet ihr mir nicht.

15 So habe ich auch stets zu euch gesandt alle meine Knechte, die Propheten, und lasse sagen: Bekehrt euch ein jeglicher von seinem bösen Wesen, und bessert euren Wandel und folgt nicht andern Göttern nach, ihnen zu dienen, so sollt ihr in dem Lande bleiben, welches ich euch und euren Vätern gegeben habe. Aber ihr wolltet eure Ohren nicht neigen noch mir gehorchen,

16 so doch die Kinder Jonadabs, des Sohnes Rechabs, haben ihres Vaters Gebot, das er ihnen geboten hat, gehalten. Aber dies Volk gehorchte mir nicht.

17 Darum, so spricht der HERR, der Gott Zebaoth und der Gott Israels: Siehe, ich will über Juda und über alle Bürger zu Jerusalem kommen lassen all das Unglück, das ich wider sie geredet habe, darum, daß ich zu ihnen geredet habe und sie nicht wollen hören, daß ich gerufen habe und sie mir nicht wollen antworten.

18 Und zum Hause der Rechabiter sprach Jeremia: So spricht der HERR Zebaoth, der Gott Israels: Darum daß ihr dem Gebot eures Vaters Jonadab habt gehorcht und alle seine Gebote gehalten und alles getan, was er euch geboten hat,

19 darum spricht der HERR Zebaoth, der Gott Israels, also: Es soll dem Jonadab, dem Sohne

Rechabs, nimmer fehlen, es soll jemand von den Seinen allezeit vor mir stehen.

36. Kapitel

Die Weissagungen des Jeremia werden verbrannt, aber auf Befehl des Herrn von neuem geschrieben.

1 Im vierten Jahr Jojakims, des Sohnes Josias, des Königs in Juda, geschah dies Wort zu Jeremia vom HERRN und sprach:

2 Nimm ein Buch und schreibe darein alle Reden, die ich zu dir geredet habe über Israel, über Juda und alle Völker von der Zeit an, da ich zu dir geredet habe, nämlich von der Zeit Josias an bis auf diesen Tag;

3 ob vielleicht die vom Hause Juda, wo sie hören all das Unglück, das ich ihnen gedenke zu tun, sich bekehren wollten, ein jeglicher von seinem bösen Wesen, damit ich ihnen ihre Missetat und Sünde vergeben könnte.

4 Da rief Jeremia Baruch, den Sohn Nerias. Derselbe Baruch schrieb in ein Buch aus dem Munde Jeremia's alle Reden des HERRN, die er zu ihm geredet hatte.

5 Und Jeremia gebot Baruch und sprach: Ich bin gefangen, daß ich nicht kann in des HERRN Haus gehen.

6 Du aber gehe hinein und lies das Buch, darein du des HERRN Reden aus meinem Munde

geschrieben hast, vor dem Volk im Hause des HERRN am Fasttage, und sollst sie auch lesen vor den Ohren des ganzen Juda, die aus ihren Städten hereinkommen;

7 ob sie vielleicht sich mit Beten vor dem HERRN demütigen wollen und sich bekehren, ein jeglicher von seinem bösen Wesen; denn der Zorn und Grimm ist groß, davon der HERR wider dies Volk geredet hat.

8 Und Baruch, der Sohn Nerias, tat alles, wie ihm der Prophet Jeremia befohlen hatte, daß er die Reden des HERRN aus dem Buche läse im Hause des HERRN.

9 Es begab sich aber im fünften Jahr Jojakims, des Sohnes Josias, des Königs Juda's, im neunten Monat, daß man ein Fasten verkündigte vor dem HERRN allem Volk zu Jerusalem und allem Volk, das aus den Städten Juda's gen Jerusalem kommt.

10 Und Baruch las aus dem Buche die Reden Jeremia's im Hause des HERRN, in der Kapelle Gemarjas, des Sohnes Saphans, des Kanzlers, im obern Vorhof, vor dem neuen Tor am Hause des HERRN, vor dem ganzen Volk.

11 Da nun Michaja, der Sohn Gemarjas, des Sohnes Saphans, alle Reden des HERRN gehört hatte aus dem Buche,

12 ging er hinab in des Königs Haus, in die Kanzlei. Und siehe, daselbst saßen alle Fürsten: Elisama, der Kanzler, Delaja, der Sohn Semajas, Elnathan, der Sohn Achbors, Gemarja, der Sohn

Saphans, und Zedekia, der Sohn Hananjas, samt allen Fürsten.

13 Und Michaja zeigte ihnen an alle Reden, die er gehört hatte, da Baruch las aus dem Buche vor den Ohren des Volks.

14 Da sandten alle Fürsten Judi, den Sohn Nethanjas, des Sohnes Selemjas, des Sohnes Chusis, nach Baruch und ließen ihm sagen: Nimm das Buch daraus du vor dem Volk gelesen hast, mit dir und komme! Und Baruch, der Sohn Nerias, nahm das Buch mit sich und kam zu ihnen.

15 Und sie sprachen zu ihm: Setze dich und lies, daß wir es hören! Und Baruch las ihnen vor ihren Ohren.

16 Und da sie alle die Reden hörten, entsetzten sie sich einer gegen den andern und sprachen zu Baruch: Wir wollen alle diese Reden dem König anzeigen.

17 Und sie fragten Baruch: Sage uns, wie hast du alle diese Reden aus seinem Munde geschrieben?

18 Baruch sprach zu ihnen: Er sagte vor mir alle diese Reden aus seinem Munde, und ich schrieb sie mit Tinte ins Buch.

19 Da sprachen die Fürsten zu Baruch: Gehe hin und verbirg dich mit Jeremia, daß niemand wisse, wo ihr seid.

20 Sie aber gingen hin zum König in den Vorhof und ließen das Buch behalten in der

Kammer Elisamas, des Kanzlers, und sagten vor dem König an alle diese Reden.

21 Da sandte der König den Judi, das Buch zu holen. Der nahm es aus der Kammer Elisamas, des Kanzlers. Und Judi las vor dem König und allen Fürsten, die bei dem König standen.

22 Der König aber saß im Winterhause, im neunten Monat, vor dem Kamin.

23 Wenn aber Judi drei oder vier Blatt gelesen hatte, zerschnitt er es mit einem Schreibmesser und warf es ins Feuer, das im Kaminherde war, bis das Buch ganz verbrannte im Feuer,

24 und niemand entsetzte sich noch zerriß seine Kleider, weder der König noch seine Knechte, so doch alle diese Reden gehört hatten,

25 und wiewohl Elnathan, Delaja und Gemarja den König baten, er wolle das Buch nicht verbrennen, gehorchte er ihnen doch nicht.

26 Dazu gebot noch der König Jerahmeel, dem Königssohn, und Seraja, dem Sohn Asriels, und Selemja, dem Sohn Abdeels, sie sollten Baruch, den Schreiber, und Jeremia, den Propheten, greifen. Aber der HERR hatte sie verborgen.

27 Da geschah des HERRN Wort zu Jeremia, nachdem der König das Buch und die Reden, so Baruch geschrieben aus dem Munde Jeremia's, verbrannt hatte, und sprach:

28 Nimm dir wiederum ein anderes Buch und schreib alle vorigen Reden darein, die im ersten Buche standen, welches Jojakim, der König Juda's, verbrannt hat,

29 und sage von Jojakim, dem König Juda's: So spricht der HERR: Du hast dies Buch verbrannt und gesagt: Warum hast du darein geschrieben, daß der König von Babel werde kommen und dies Land verderben und machen, daß weder Leute noch Vieh darin mehr sein werden?

30 Darum spricht der HERR von Jojakim, dem König Juda's: Es soll keiner von den Seinen auf dem Stuhl Davids sitzen, und sein Leichnam soll hingeworfen des Tages in der Hitze und des Nachts im Frost liegen;

31 und ich will ihn und seinen Samen und seine Knechte heimsuchen um ihrer Missetat willen; und ich will über sie und über die Bürger zu Jerusalem und über die in Juda kommen lassen all das Unglück, davon ich ihnen geredet habe, und sie gehorchten doch nicht.

32 Da nahm Jeremia ein anderes Buch und gab's Baruch, dem Sohn Nerias, dem Schreiber. Der schrieb darein aus dem Munde Jeremia's alle die Reden, so in dem Buch standen, das Jojakim, der König Juda's, hatte mit Feuer verbrennen lassen; und zu denselben wurden dergleichen Reden noch viele hinzugetan.

37. Kapitel

Jeremia wird geschlagen und gefangen.

1 Und da Zedekia, der Sohn Josias, ward König anstatt Jechonjas, des Sohnes Jojakims; denn Nebukadnezar, der König zu Babel machte ihn zum König im Lande Juda.

2 Aber er und seine Knechte und das Volk im Lande gehorchten nicht des HERRN Worten, die er durch den Propheten Jeremia redete.

3 Es sandte gleichwohl der König Zedekia Juchal, den Sohn Selemjas, und Zephanja, den Sohn Maasejas, den Priester, zum Propheten Jeremia und ließ ihm sagen: Bitte den HERRN, unsern Gott, für uns!

4 Denn Jeremia ging unter dem Volk aus und ein, und niemand legte ihn ins Gefängnis.

5 Es war aber das Heer Pharaos aus Ägypten gezogen: und die Chaldäer, so vor Jerusalem lagen, da sie solch Gerücht gehört hatten, waren von Jerusalem abgezogen.

6 Und des HERRN Wort geschah zum Propheten Jeremia und sprach:

7 So spricht der HERR, der Gott Israels: So sagt dem König Juda's, der euch zu mir gesandt hat, mich zu fragen: Siehe, das Heer Pharaos, das euch zu Hilfe ist ausgezogen, wird wiederum heim nach Ägypten ziehen;

8 und die Chaldäer werden wiederkommen und wider diese Stadt streiten und sie gewinnen und mit Feuer verbrennen.

9 Darum spricht der HERR also: Betrügt eure Seelen nicht, daß ihr denkt, die Chaldäer werden von uns abziehen; sie werden nicht abziehen.

10 Und wenn ihr schon schlüget das ganze Heer der Chaldäer, so wider euch streiten, und blieben ihrer etliche verwundet übrig, so würden sie doch, ein jeglicher in seinem Gezelt, sich aufmachen und diese Stadt mit Feuer verbrennen.

11 Als nun der Chaldäer Heer von Jerusalem war abgezogen um des Heeres willen Pharaos,

12 ging Jeremia aus Jerusalem und wollte ins Land Benjamin gehen, seinen Acker in Besitz zu nehmen unter dem Volk.

13 Und da er unter das Tor Benjamin kam, da war einer bestellt zum Torhüter, mit Namen Jeria, der Sohn Selemjas, des Sohnes Hananjas; der griff den Propheten Jeremia und sprach: Du willst zu den Chaldäern fallen.

14 Jeremia sprach: Das ist nicht wahr; ich will nicht zu den Chaldäern fallen. Aber Jeria wollte ihn nicht hören, sondern griff Jeremia und brachte ihn zu den Fürsten.

15 Und die Fürsten wurden zornig über Jeremia und ließen ihn schlagen und warfen ihn ins Gefängnis im Hause Jonathans, des Schreibers; den setzten sie zum Kerkermeister.

16 Also ging Jeremia in die Grube und den Kerker und lag lange Zeit daselbst.

17 Und Zedekia, der König, sandte hin und ließ ihn holen und fragte ihn heimlich in seinem Hause und sprach: Ist auch ein Wort vom HERRN vorhanden? Jeremia sprach: Ja; denn du wirst dem König zu Babel in die Hände gegeben werden.

18 Und Jeremia sprach zum König Zedekia: Was habe ich wider dich, wider deine Knechte und wider dein Volk gesündigt, daß sie mich in den Kerker geworfen haben?

19 Wo sind nun eure Propheten, die euch weissagten und sprachen: Der König zu Babel wird nicht über euch noch über dies Land kommen?

20 Und nun, mein Herr König, höre mich und laß meine Bitte vor dir gelten und laß mich nicht wieder in Jonathans, des Schreibers, Haus bringen, daß ich nicht sterbe daselbst.

21 Da befahl der König Zedekia, daß man Jeremia im Vorhof des Gefängnisses behalten sollte, und ließ ihm des Tages ein Laiblein Brot geben aus der Bäckergasse, bis daß alles Brot in der Stadt aufgezehrt war. Also blieb Jeremia im Vorhof des Gefängnisses.

38. Kapitel

*Jeremia wird in eine Grube geworfen;
auf Befehl des Königs wieder hinausgezogen,
fordert er diesen auf, sich dem Feinde zu ergeben.*

1 Es hörten aber Sephatja, der Sohn Matthans, und Gedalja, der Sohn Pashurs, und Juchal, der Sohn Selemjas, und Pashur, der Sohn Malchias, die Reden, so Jeremia zu allem Volk redete und sprach:

2 So spricht der HERR: Wer in dieser Stadt bleibt, der wird durch Schwert, Hunger und Pestilenz sterben müssen; wer aber hinausgeht zu den Chaldäern, der soll lebend bleiben und wird sein Leben wie eine Beute davonbringen.

3 Denn also spricht der HERR: Diese Stadt soll übergeben werden dem Heer des Königs zu Babel, und sie sollen sie gewinnen.

4 Da sprachen die Fürsten zum König: Laß doch diesen Mann töten; denn mit der Weise wendet er die Kriegsleute ab, so noch übrig sind in der Stadt, desgleichen das ganze Volk auch, weil er solche Worte zu ihnen sagt. Denn der Mann sucht nicht, was diesem Volk zum Frieden, sondern zum Unglück dient.

5 Der König Zedekia sprach: Siehe, er ist in euren Händen; denn der König kann nichts wider euch.

6 Da nahmen sie Jeremia und warfen ihn in die Grube Malchias, des Königssohnes, die am

Vorhof des Gefängnisses war, da nicht Wasser, sondern Schlamm war, und Jeremia sank in den Schlamm.

7 Als aber Ebed-Melech, der Mohr, ein Kämmerer in des Königs Hause, hörte, daß man Jeremia hatte in die Grube geworfen, und der König eben saß im Tor Benjamin,

8 da ging Ebed-Melech aus des Königs Hause und redete mit dem König und sprach:

9 Mein Herr König, die Männer handeln übel an dem Propheten Jeremia, daß sie ihn haben in die Grube geworfen, da er muß Hungers sterben; denn es ist kein Brot mehr in der Stadt.

10 Da befahl der König Ebed-Melech, dem Mohren, und sprach: Nimm dreißig Männer mit dir von diesen und zieh den Propheten Jeremia aus der Grube, ehe denn er sterbe.

11 Und Ebed-Melech nahm die Männer mit sich und ging in des Königs Haus unter die Schatzkammer und nahm daselbst zerrissene und vertragene alte Lumpen und ließ sie an einem Seil hinab zu Jeremia in die Grube.

12 Und Ebed-Melech, der Mohr, sprach zu Jeremia: Lege diese zerrissenen und vertragenen alten Lumpen unter deine Achseln um das Seil. Und Jeremia tat also.

13 Und sie zogen Jeremia herauf aus der Grube an den Stricken; und blieb also Jeremia im Vorhof des Gefängnisses.

14 Und der König Zedekia sandte hin und ließ den Propheten Jeremia zu sich holen unter den

dritten Eingang am Hause des HERRN. Und der König sprach zu Jeremia: Ich will dich etwas fragen; verhalte mir nichts.

15 Jeremia sprach zu Zedekia: Sage ich dir etwas, so tötest du mich doch; gebe ich dir aber einen Rat, so gehorchst du mir nicht.

16 Da schwur der König Zedekia dem Jeremia heimlich und sprach: So wahr der HERR lebt, der uns dieses Leben gegeben hat, so will ich dich nicht töten noch den Männern in die Hände geben, die dir nach dem Leben stehen.

17 Und Jeremia sprach zu Zedekia: So spricht der HERR, der Gott Zebaoth, der Gott Israels: Wirst du hinausgehen zu den Fürsten des Königs zu Babel, so sollst du leben bleiben, und diese Stadt soll nicht verbrannt werden, sondern du und dein Haus sollen am Leben bleiben;

18 wirst du aber nicht hinausgehen zu den Fürsten des Königs zu Babel, so wird diese Stadt den Chaldäern in die Hände gegeben, und sie werden sie mit Feuer verbrennen, und du wirst auch nicht ihren Händen entrinnen.

19 Der König Zedekia sprach zu Jeremia: Ich sorge mich aber, daß ich den Juden, so zu den Chaldäern gefallen sind, möchte übergeben werden, daß sie mein spotten.

20 Jeremia sprach: Man wird dich nicht übergeben. Gehorche doch der Stimme des HERRN, die ich dir sage, so wird dir's wohl gehen, und du wirst lebend bleiben.

21 Wirst du aber nicht hinausgehen, so ist dies das Wort, das mir der HERR gezeigt hat:

22 Siehe, alle Weiber, die noch vorhanden sind in dem Hause des Königs in Juda, werden hinaus müssen zu den Fürsten des Königs zu Babel; diese werden dann sagen: Ach deine Tröster haben dich überredet und verführt und in Schlamm geführt und lassen dich nun stecken.

23 Also werden dann alle deine Weiber und Kinder hinaus müssen zu den Chaldäern, und du selbst wirst ihren Händen nicht entgehen; sondern du wirst vom König von Babel gegriffen, und diese Stadt wird mit Feuer verbrannt werden.

24 Und Zedekia sprach zu Jeremia: Siehe zu, daß niemand diese Rede erfahre, so wirst du nicht sterben.

25 Und wenn's die Fürsten erführen, daß ich mit dir geredet habe, und kämen zu dir und sprächen: Sage an, was hast du mit dem König geredet, leugne es uns nicht, so wollen wir dich nicht töten, und was hat der König mit dir geredet?

26 so sprich: Ich habe den König gebeten, daß er mich nicht wiederum ließe in des Jonathan Haus führen; ich möchte daselbst sterben.

27 Da kamen alle Fürsten zu Jeremia und fragten ihn; und er sagte ihnen, wie ihm der König befohlen hatte. Da ließen sie von ihm, weil sie nichts erfahren konnten.

28 Und Jeremia blieb im Vorhof des Gefängnisses bis auf den Tag, da Jerusalem gewonnen ward.

39. Kapitel

Jerusalem wird erobert, Zedekia mit ausgestochenen Augen nach Babel geführt; Jeremia, von Nebukadnezar geschützt, kündigt auch dem Ebed-Melech seine Erhaltung an.

1 Und es geschah, daß Jerusalem gewonnen ward. Denn im neunten Jahr Zedekias, des Königs in Juda, im zehnten Monat, kam Nebukadnezar, der König zu Babel, und all sein Heer vor Jerusalem und belagerten es.

2 Und im elften Jahr Zedekias, am neunten Tage des vierten Monats, brach man in die Stadt;

3 und zogen hinein alle Fürsten des Königs zu Babel und hielten unter dem Mitteltor, nämlich Nergal-Sarezer, Samgar-Nebo, Sarsechim, der oberste Kämmerer, Nergal-Sarezer, der Oberste der Weisen, und alle andern Fürsten des Königs zu Babel.

4 Als sie nun Zedekia, der König Juda's, sah samt seinen Kriegsleuten, flohen sie bei Nacht zur Stadt hinaus bei des Königs Garten durchs Tor zwischen den zwei Mauern und zogen des Weges zum blachen Feld.

5 Aber der Chaldäer Kriegsleute jagten ihnen nach und ergriffen Zedekia im Felde bei Jericho und fingen ihn und brachten ihn zu Nebukadnezar, dem König zu Babel, gen Ribla, das im Lande Hamath liegt; der sprach ein Urteil über ihn.

6 Und der König zu Babel ließ die Söhne Zedekias vor seinen Augen töten zu Ribla und tötete alle Fürsten Juda's.

7 Aber Zedekia ließ er die Augen ausstechen und ihn in Ketten binden, daß er ihn gen Babel führte.

8 Und die Chaldäer verbrannten beide, des Königs Haus und der Bürger Häuser, und zerbrachen die Mauern zu Jerusalem.

9 Was aber noch von Volk in der Stadt war, und was sonst zu ihnen gefallen war, die führte Nebusaradan, der Hauptmann der Trabanten, alle miteinander gen Babel gefangen.

10 Aber von dem geringen Volk, das nichts hatte, ließ zu derselben Zeit Nebusaradan, der Hauptmann, etliche im Lande Juda und gab ihnen Weinberge und Felder.

11 Aber Nebukadnezar, der König zu Babel, hatte Nebusaradan, dem Hauptmann, befohlen von Jeremia und gesagt:

12 Nimm ihn und laß ihn dir befohlen sein und tu ihm kein Leid; sondern wie er's von dir begehrt, so mache es mit ihm.

13 Da sandten hin Nebusaradan, der Hauptmann, und Nebusasban, der oberste

Kämmerer, Nergal-Sarezer, der Oberste der Weisen, und alle Fürsten des Königs zu Babel

14 und ließen Jeremia holen aus dem Vorhof des Gefängnisses und befahlen ihn Gedalja, dem Sohn Ahikams, des Sohnes Saphans, daß er ihn hinaus in sein Haus führte. Und er blieb bei dem Volk.

15 Es war auch des HERRN Wort geschehen zu Jeremia, als er noch im Vorhof des Gefängnisses gefangen lag, und hatte gesprochen:

16 Gehe hin und sage Ebed-Melech, dem Mohren: So spricht der HERR Zebaoth, der Gott Israels: siehe, ich will meine Worte kommen lassen über diese Stadt zum Unglück und zu keinem Guten, und du sollst es sehen zur selben Zeit.

17 Aber dich will ich erretten zur selben Zeit, spricht der HERR, und sollst den Leuten nicht zuteil werden, vor welchen du dich fürchtest.

18 Denn ich will dir davonhelfen, daß du nicht durchs Schwert fällst, sondern sollst dein Leben wie eine Beute davonbringen, darum daß du mir vertraut hast, spricht der HERR.

40. Kapitel

Jeremia bleibt bei dem Stadthalter Gedalja im Lande; dieser will eine Verschwörung gegen sein Leben nicht glauben.

1 Dies ist das Wort, so vom HERRN geschah zu Jeremia, da ihn Nebusaradan, der Hauptmann, losließ zu Rama; denn er war mit Ketten gebunden unter allen denen, die zu Jerusalem und in Juda gefangen waren, daß man sie gen Babel wegführen sollte.
2 Da nun der Hauptmann Jeremia zu sich hatte lassen holen, sprach er zu ihm: Der HERR, dein Gott, hat dies Unglück über diese Stätte geredet.
3 und hat's auch kommen lassen und getan, wie er geredet hat; denn ihr habt gesündigt wider den HERRN und seiner Stimme nicht gehorcht; darum ist euch solches widerfahren.
4 Und nun siehe, ich habe dich heute losgemacht von den Ketten, womit deine Hände gebunden waren. Gefällt dir's, mit mir gen Babel zu ziehen, so komm, du sollst mir befohlen sein; gefällt dir's aber nicht, mit mir gen Babel zu ziehen, so laß es anstehen. Siehe, da hast du das ganze Land vor dir; wo dich's gut dünkt und dir gefällt, da zieh hin.
5 Denn weiter hinaus wird kein Wiederkehren sein. Darum magst du umkehren zu Gedalja, dem Sohn Ahikams, des Sohnes Saphans, welchen der König zu Babel gesetzt hat über die

Städte in Juda, und bei ihm unter dem Volk bleiben; oder gehe, wohin dir's wohl gefällt. Und der Hauptmann gab ihm Zehrung und Geschenke und ließ ihn gehen.

6 Also kam Jeremia zu Gedalja, dem Sohn Ahikams, gen Mizpa und blieb bei ihm unter dem Volk, das im Lande noch übrig war.

7 Da nun die Hauptleute, so auf dem Felde sich hielten, samt ihren Leuten erfuhren, daß der König zu Babel hatte Gedalja, den Sohn Ahikams, über das Land gesetzt und über die Männer und Weiber, Kinder und die Geringen im Lande, welche nicht gen Babel geführt waren,

8 kamen sie zu Gedalja gen Mizpa, nämlich Ismael, der Sohn Nethanjas, Johanan und Jonathan, die Söhne Kareahs, und Seraja, der Sohn Thanhumeths, und die Söhne Ephais von Netopha und Jesanja, der Sohn eines Maachathiters, samt ihren Männern.

9 Und Gedalja, der Sohn Ahikams, des Sohnes Saphans, tat ihnen und ihren Männern einen Eid und sprach: Fürchtet euch nicht, daß ihr den Chaldäern untertan sein sollt; bleibt im Lande und seid dem König zu Babel untertan, so wird's euch wohl gehen.

10 Siehe, ich wohne hier zu Mizpa, daß ich den Chaldäern diene, die zu uns kommen; darum sammelt ein Wein und Feigen und Öl und legt's in eure Gefäße und wohnt in euren Städten, die ihr bekommen habt.

11 Auch allen Juden, so im Lande Moab und der Kinder Ammon und in Edom und in allen Ländern waren, da sie hörten, daß der König zu Babel hätte lassen etliche in Juda übrigbleiben und über sie gesetzt Gedalja, den Sohn Ahikams, des Sohnes Saphans,

12 kamen sie alle wieder von allen Orten dahin sie verstoßen waren, in das Land Juda zu Gedalja gen Mizpa und sammelten ein sehr viel Wein und Sommerfrüchte.

13 Aber Johanan, der Sohn Kareahs, samt allen Hauptleuten, so auf dem Felde sich gehalten hatten, kamen zu Gedalja gen Mizpa

14 und sprachen zu ihm: Weißt du auch, daß Baalis, der König der Kinder Ammon, gesandt hat Ismael, den Sohn Nethanjas, daß er dich soll erschlagen? Das wollte ihnen aber Gedalja, der Sohn Ahikams, nicht glauben.

15 Da sprach Johanan, der Sohn Kareahs, zu Gedalja heimlich zu Mizpa: Ich will hingehen und Ismael, den Sohn Nethanjas, erschlagen, daß es niemand erfahren soll. Warum soll er dich erschlagen, daß alle Juden, so zu dir versammelt sind, zerstreut werden und die noch aus Juda übriggeblieben sind, umkommen?

16 Aber Gedalja, der Sohn Ahikams, sprach zu Johanan, dem Sohn Kareahs: Du sollst das nicht tun; es ist nicht wahr, was du von Ismael sagst.

41. Kapitel

*Ismael erschlägt den Gedalja und mehrere Juden und Chaldäer; Johanan verfolgt ihn.
Die Juden wollen nach Ägypten ziehen.*

1 Aber im siebenten Monat kam Ismael, der Sohn Nethanjas, des Sohnes Elisamas, aus königlichem Stamm, einer von den Obersten des Königs, und zehn Männer mit ihm zu Gedalja, dem Sohn Ahikams, gen Mizpa und sie aßen daselbst zu Mizpa miteinander.

2 Und Ismael, der Sohn Nethanjas, macht sich auf samt den zehn Männern, die bei ihm waren und schlugen Gedalja, den Sohn Ahikams, des Sohnes Saphans, mit dem Schwert zu Tode, darum daß ihn der König zu Babel über das Land gesetzt hatte;

3 dazu alle Juden, die bei Gedalja waren zu Mizpa, und die Chaldäer, die sie daselbst fanden, alle Kriegsleute, schlug Ismael.

4 Des andern Tages, nachdem Gedalja erschlagen war und es noch niemand wußte,

5 kamen achtzig Männer von Sichem, von Silo und von Samaria und hatten die Bärte abgeschoren und ihre Kleider zerrissen und sich zerritzt und trugen Speisopfer und Weihrauch mit sich, daß sie es brächten zum Hause des HERRN.

6 Und Ismael, der Sohn Nethanjas, ging heraus von Mizpa ihnen entgegen, ging daher und

weinte. Als er nun an sie kam, sprach er zu ihnen: Ihr sollt zu Gedalja, dem Sohn Ahikams, kommen.

7 Da sie aber mitten in die Stadt kamen, ermordete sie Ismael, der Sohn Nethanjas, und die Männer, so bei ihm waren, und warf sie in den Brunnen.

8 Aber es waren zehn Männer darunter, die sprachen zu Ismael: Töte uns nicht; wir haben Vorrat im Acker liegen von Weizen, Gerste, Öl und Honig. Also ließ er ab und tötete sie nicht mit den andern.

9 Der Brunnen aber, darein Ismael die Leichname der Männer warf, welche er hatte erschlagen samt dem Gedalja, ist der, den der König Asa machen ließ wider Baesa, den König Israels; den füllte Ismael, der Sohn Nethanjas, mit den Erschlagenen.

10 Und was übriges Volk war zu Mizpa, auch die Königstöchter, führte Ismael, der Sohn Nethanjas, gefangen weg samt allem übrigen Volk zu Mizpa, über welche Nebusaradan, der Hauptmann, hatte gesetzt Gedalja, den Sohn Ahikams, und zog hin und wollte hinüber zu den Kindern Ammon.

11 Da aber Johanan, der Sohn Kareahs, erfuhr und alle Hauptleute des Heeres, die bei ihm waren, all das Übel, das Ismael, der Sohn Nethanjas, begangen hatte,

12 nahmen sie zu sich alle Männer und zogen hin, wider Ismael, den Sohn Nethanjas, zu

streiten; und trafen ihn an dem großen Wasser bei Gibeon.

13 Da nun alles Volk, so bei Ismael war, sah den Johanan, den Sohn Kareahs, und alle die Hauptleute des Heeres, die bei ihm waren, wurden sie froh.

14 Und das ganze Volk, das Ismael hatte von Mizpa weggeführt, wandte sich um und kehrte wiederum zu Johanan, dem Sohne Kareahs.

15 Aber Ismael, der Sohn Nethanjas, entrann dem Johanan mit acht Männern, und zog zu den Kindern Ammon.

16 Und Johanan, der Sohn Kareahs, samt allen Hauptleuten des Heeres, so bei ihm waren, nahmen all das übrige Volk, so sie wiedergebracht hatten von Ismael, dem Sohn Nethanjas, aus Mizpa zu sich (weil Gedalja, der Sohn Ahikams, erschlagen war), nämlich die Kriegsmänner, Weiber und die Kinder und Kämmerer, so sie von Gibeon hatten wiedergebracht;

17 und zogen hin und kehrten ein zur Herberge Chimhams, die bei Bethlehem war, und wollten nach Ägypten ziehen vor den Chaldäern.

18 Denn sie fürchteten sich vor ihnen, weil Ismael, der Sohn Nethanjas, Gedalja, den Sohn Ahikams, erschlagen hatte, den der König zu Babel über das Land gesetzt hatte.

42. Kapitel

Jeremia verbietet auf Befehl des Herrn dem Johanan und den übrigen Juden, nach Ägypten zu ziehen.

1 Da traten herzu alle Hauptleute des Heeres, Johanan, der Sohn Kareahs, Jesanja, der Sohn Hosajas, samt dem ganzen Volk, klein und groß,

2 und sprachen zum Propheten Jeremia: Laß doch unser Gebet vor dir gelten und bitte für uns den HERRN, deinen Gott, für alle diese Übrigen (denn unser ist leider wenig geblieben von vielen, wie du uns selbst siehst mit deinen Augen),

3 daß uns der HERR, dein Gott, wolle anzeigen, wohin wir ziehen und was wir tun sollen.

4 Und der Prophet Jeremia sprach zu ihnen: Wohlan, ich will gehorchen; und siehe, ich will den HERRN, euren Gott, bitten, wie ihr gesagt habt; und alles, was euch der HERR antworten wird, das will ich euch anzeigen und will euch nichts verhalten.

5 Und sie sprachen zu Jeremia: Der HERR sei ein gewisser und wahrhaftiger Zeuge zwischen uns, wo wir nicht tun werden alles, was dir der HERR, dein Gott, an uns befehlen wird.

6 Es sei Gutes oder Böses, so wollen wir gehorchen der Stimme des HERRN, unsers Gottes, zu dem wir dich senden; auf daß es uns wohl gehe, so wir der Stimme des HERRN, unsers Gottes, gehorchen.

7 Und nach zehn Tagen geschah des HERRN Wort zu Jeremia.

8 Da rief er Johanan, den Sohn Kareahs, und alle Hauptleute des Heeres, die bei ihm waren, und alles Volk, klein und groß,

9 und sprach zu ihnen: So spricht der HERR, der Gott Israels, zu dem ihr mich gesandt habt, daß ich euer Gebet vor ihn sollte bringen:

10 Werdet ihr in diesem Lande bleiben, so will ich euch bauen und nicht zerbrechen; ich will euch pflanzen und nicht ausreuten; denn es hat mich schon gereut das Übel, das ich euch getan habe.

11 Ihr sollt euch nicht fürchten vor dem König zu Babel, vor dem ihr euch fürchtet, spricht der HERR; ihr sollt euch vor ihm nicht fürchten, denn ich will bei euch sein, daß ich euch helfe und von seiner Hand errette.

12 Ich will euch Barmherzigkeit erzeigen und mich über euch erbarmen und euch wieder in euer Land bringen.

13 Werdet ihr aber sagen: Wir wollen nicht in diesem Lande bleiben, damit ihr ja nicht gehorcht der Stimme des HERRN, eures Gottes,

14 sondern sagen: Nein, wir wollen nach Ägyptenland ziehen, daß wir keinen Krieg sehen noch der Posaune Schall hören und nicht Hunger Brots halben leiden müssen; daselbst wollen wir bleiben:

15 nun so hört des HERRN Wort, ihr übrigen aus Juda! So spricht der HERR Zebaoth, der Gott

Israels: Werdet ihr euer Angesicht richten, nach Ägyptenland zu ziehen, daß ihr daselbst bleiben wollt,

16 so soll euch das Schwert, vor dem ihr euch fürchtet, in Ägyptenland treffen, und der Hunger, des ihr euch besorgt, soll stets hinter euch her sein in Ägypten, und sollt daselbst sterben.

17 Denn sie seien, wer sie wollen, die ihr Angesicht richten, daß sie nach Ägypten ziehen, daselbst zu bleiben, die sollen sterben durchs Schwert, Hunger und Pestilenz, und soll keiner übrigbleiben noch entrinnen dem Übel, das ich über sie will kommen lassen.

18 Denn so spricht der HERR Zebaoth, der Gott Israels: Gleichwie mein Zorn und Grimm über die Einwohner zu Jerusalem ausgeschüttet ist, so soll er auch über euch ausgeschüttet werden, wo ihr nach Ägypten zieht, daß ihr zum Fluch, zum Wunder, Schwur und Schande werdet und diese Stätte nicht mehr sehen sollt.

19 Das Wort des HERRN gilt euch, ihr übrigen aus Juda, daß ihr nicht nach Ägypten zieht. Darum so wisset, daß ich euch heute bezeuge;

20 ihr werdet sonst euer Leben verwahrlosen. Denn ihr habt mich gesandt zum HERRN, eurem Gott, und gesagt: Bitte den HERRN, unsern Gott, für uns; und alles, was der HERR, unser Gott, sagen wird, das zeige uns an, so wollen wir darnach tun.

21 Das habe ich euch heute zu wissen getan; aber ihr wollt der Stimme des HERRN, eures

Gottes, nicht gehorchen noch alle dem, das er mir befohlen hat.

22 So sollt ihr nun wissen, daß ihr durch Schwert, Hunger und Pestilenz sterben müßt an dem Ort, dahin ihr gedenkt zu ziehen, daß ihr daselbst wohnen wollt.

43. Kapitel

Die Juden ziehen, gegen die Warnung Gottes, nach Ägypten und nehmen den Propheten selbst mit, welcher dort den Einfall Nebukadnezars weissagt.

1 Da Jeremia alle Worte des HERRN, ihres Gottes, hatte ausgeredet zu allem Volk, wie ihm denn der HERR, ihr Gott, alle diese Worte an sie befohlen hatte,

2 sprachen Asarja, der Sohn Hosajas, und Johanan, der Sohn Kareahs und alle frechen Männer zu Jeremia: Du lügst; der HERR, unser Gott, hat dich nicht zu uns gesandt noch gesagt: Ihr sollt nicht nach Ägypten ziehen, daselbst zu wohnen;

3 sondern Baruch, der Sohn Nerias, beredet dich, uns zuwider, auf daß wir den Chaldäern übergeben werden, daß sie uns töten und gen Babel wegführen.

4 Also gehorchten Johanan, der Sohn Kareahs, und alle Hauptleute des Heeres samt dem

ganzen Volk der Stimme des HERRN nicht, daß sie im Lande Juda wären geblieben;

5 sondern Johanan, der Sohn Kareahs, und alle Hauptleute des Heeres nahmen zu sich alle Übrigen aus Juda, so von allen Völkern, dahin sie geflohen, wiedergekommen waren, daß sie im Lande Juda wohnten,

6 nämlich Männer, Weiber und Kinder, dazu die Königstöchter und alle Seelen, die Nebusaradan, der Hauptmann, bei Gedalja, dem Sohn Ahikams, des Sohnes Saphans, hatte gelassen, auch den Propheten Jeremia und Baruch, den Sohn Nerias,

7 und zogen nach Ägyptenland, denn sie wollten der Stimme des HERRN nicht gehorchen, und kamen nach Thachpanhes.

8 Und des HERRN Wort geschah zu Jeremia zu Thachpanhes und sprach:

9 Nimm große Steine und verscharre sie im Ziegelofen, der vor der Tür am Hause Pharaos ist zu Thachpanhes, daß die Männer aus Juda zusehen;

10 und sprich zu ihnen: So spricht der HERR Zebaoth, der Gott Israels: Siehe, ich will hinsenden und meinen Knecht Nebukadnezar, den König zu Babel, holen lassen und will seinen Stuhl oben auf diese Steine setzen, die ich verscharrt habe; und er soll sein Gezelt darüberschlagen.

11 Und er soll kommen und Ägyptenland schlagen, und töten, wen es trifft, gefangen

führen, wen es trifft, mit dem Schwert schlagen, wen es trifft.

12 Und ich will die Häuser der Götter in Ägypten mit Feuer anstecken, daß er sie verbrenne und wegführe. Und er soll sich Ägyptenland anziehen, wie ein Hirt sein Kleid anzieht, und mit Frieden von dannen ziehen.

13 Er soll die Bildsäulen zu Beth-Semes in Ägyptenland zerbrechen und die Götzentempel in Ägypten mit Feuer verbrennen.

44. Kapitel

Die Juden in Ägypten werden wegen ihrer Abgötterei mit schweren Strafen Gottes bedroht.

1 Dies ist das Wort, das zu Jeremia geschah an alle Juden, so in Ägyptenland wohnten, nämlich so zu Migdol, zu Thachpanhes, zu Noph und im Lande Pathros wohnten, und sprach:

2 So spricht der HERR Zebaoth, der Gott Israels: Ihr habt gesehen all das Übel, das ich habe kommen lassen über Jerusalem und über alle Städte in Juda; und siehe, heutigestages sind sie wüst, und wohnt niemand darin;

3 und das um ihrer Bosheit willen, die sie taten, daß sie mich erzürnten und hingingen und räucherten und dienten andern Göttern, welche weder sie noch ihr noch eure Väter kannten.

4 Und ich sandte stets zu euch alle meine Knechte, die Propheten, und ließ euch sagen: Tut doch nicht solche Gräuel, die ich hasse.

5 Aber sie gehorchten nicht, neigten auch ihre Ohren nicht, daß sie von ihrer Bosheit sich bekehrt und andern Göttern nicht geräuchert hätten.

6 Darum ging auch mein Zorn und Grimm an und entbrannte über die Städte Juda's und über die Gassen zu Jerusalem, daß sie zur Wüste und Öde geworden sind, wie es heutigestages steht.

7 Nun, so spricht der HERR, der Gott Zebaoth, der Gott Israels: Warum tut ihr doch so großes Übel wider euer eigen Leben, damit unter euch ausgerottet werden Mann und Weib, Kind und Säugling aus Juda und nichts von euch übrigbleibe,

8 und erzürnt mich so durch eurer Hände Werke und räuchert andern Göttern in Ägyptenland, dahin ihr gezogen seid, daselbst zu herbergen, auf daß ihr ausgerottet und zum Fluch und zur Schmach werdet unter allen Heiden auf Erden?

9 Habt ihr vergessen das Unglück eurer Väter, das Unglück der Könige Juda's, das Unglück ihrer Weiber, dazu euer eigenes Unglück und eurer Weiber Unglück, das euch begegnet ist im Lande Juda und auf den Gassen zu Jerusalem?

10 Noch sind sie bis auf diesen Tag nicht gedemütigt, fürchten sich auch nicht und wandeln nicht in meinem Gesetz und den

Rechten, die ich euch und euren Vätern vorgestellt habe.

11 Darum spricht der HERR Zebaoth, der Gott Israels, also: Siehe, ich will mein Angesicht wider euch richten zum Unglück, und ganz Juda soll ausgerottet werden.

12 Und ich will die übrigen aus Juda nehmen, so ihr Angesicht gerichtet haben, nach Ägyptenland zu ziehen, daß sie daselbst herbergen; es soll ein Ende mit ihnen allen werden in Ägyptenland. Durchs Schwert sollen sie fallen, und durch Hunger umkommen, beide, klein und groß; sie sollen durch Schwert und Hunger sterben und sollen ein Schwur, Wunder, Fluch und Schmach werden.

13 Ich will auch die Einwohner in Ägyptenland mit Schwert, Hunger und Pestilenz heimsuchen, gleichwie ich zu Jerusalem getan habe,

14 daß aus den übrigen Juda's keiner soll entrinnen noch übrigbleiben, die doch darum hierher gekommen sind nach Ägyptenland zur Herberge, daß sie wiederum ins Land Juda möchten, dahin sie gerne wiederkommen wollten und wohnen; aber es soll keiner wieder dahin kommen, außer, welche von hinnen fliehen.

15 Da antworteten dem Jeremia alle Männer, die da wohl wußten, daß ihre Weiber andern Göttern räucherten, und alle Weiber, so in großem Haufen dastanden, samt allem Volk, die

in Ägyptenland wohnten und in Pathros, und sprachen:

16 Nach dem Wort, das du im Namen des HERRN uns sagst, wollen wir dir nicht gehorchen;

17 sondern wir wollen tun nach allem dem Wort, das aus unserem Munde geht, und wollen der Himmelskönigin räuchern und ihr Trankopfer opfern, wie wir und unsre Väter, unsre Könige und Fürsten getan haben in den Städten Juda's und auf den Gassen zu Jerusalem. Da hatten wir auch Brot genug und ging uns wohl und sahen kein Unglück.

18 Seit der Zeit aber, daß wir haben abgelassen, der Himmelskönigin zu räuchern und Trankopfer zu opfern, haben wir allen Mangel gelitten und sind durch Schwert und Hunger umgekommen.

19 Auch wenn wir der Himmelskönigin räuchern und opfern, das tun wir ja nicht ohne unserer Männer Willen, daß wir ihr Kuchen backen und Trankopfer opfern, auf daß sie sich um uns bekümmere.

20 Da sprach Jeremia zum ganzen Volk, Männern und Weibern und allem Volk, die ihm so geantwortet hatten:

21 Ich meine ja, der HERR habe gedacht an das Räuchern, so ihr in den Städten Juda's und auf den Gassen zu Jerusalem getrieben habt samt euren Vätern, Königen, Fürsten und allem Volk im Lande, und hat's zu Herzen genommen,

22 daß er nicht mehr leiden konnte euren bösen Wandel und die Gräuel, die ihr tatet; daher auch euer Land zur Wüste, zum Wunder und zum Fluch geworden ist, daß niemand darin wohnt, wie es heutigestages steht.

23 Darum, daß ihr geräuchert habt und wider den HERRN gesündigt und der Stimme des HERRN nicht gehorchet und in seinem Gesetz, seinen Rechten und Zeugnissen nicht gewandelt habt, darum ist auch euch solches Unglück widerfahren, wie es heutigestages steht.

24 Und Jeremia sprach zu allem Volk und zu allen Weibern: Höret des HERRN Wort, alle ihr aus Juda, so in Ägyptenland sind.

25 So spricht der HERR Zebaoth, der Gott Israels: Ihr und eure Weiber habt mit einem Munde geredet und mit euren Händen vollbracht, was ihr sagt: Wir wollen unser Gelübde halten, die wir gelobt haben der Himmelskönigin, daß wir ihr räuchern und Trankopfer opfern. Wohlan, ihr habt eure Gelübde erfüllt und eure Gelübde gehalten.

26 So hört nun des HERRN Wort, ihr alle aus Juda, die ihr in Ägyptenland wohnt: Siehe, ich schwöre bei meinem großen Namen, spricht der HERR, daß mein Name nicht mehr soll durch irgend eines Menschen Mund aus Juda genannt werden in ganz Ägyptenland, der da sagt: "So wahr der HERR HERR lebt!"

27 Siehe, ich will über sie wachen zum Unglück und zu keinem Guten, daß, wer aus Juda in

Ägyptenland ist, soll durch Schwert und Hunger umkommen, bis es ein Ende mit ihnen habe.

28 Welche aber dem Schwert entrinnen, die werden aus Ägyptenland ins Land Juda wiederkommen müssen als ein geringer Haufe. Und also werden dann alle die übrigen aus Juda, so nach Ägyptenland gezogen waren, daß sie sich daselbst herbergten, erfahren, wessen Wort wahr sei, meines oder ihres.

29 Und zum Zeichen, spricht der HERR, daß ich euch an diesem Ort heimsuchen will, damit ihr wißt, daß mein Wort soll wahr werden über euch zum Unglück,

30 so spricht der HERR also: Siehe, ich will Pharao Hophra, den König in Ägypten, übergeben in die Hände seiner Feinde und derer, die ihm nach dem Leben stehen, gleichwie ich Zedekia, den König Juda's, übergeben habe in die Hand Nebukadnezars, des Königs zu Babel, seines Feindes, und der ihm nach seinem Leben stand.

45. Kapitel

Der Prophet tröstet den Baruch mit der göttlichen Versicherung, daß er am Leben bleiben solle.

1 Dies ist das Wort, so der Prophet Jeremia redete zu Baruch, dem Sohn Nerias, da er diese Reden in ein Buch schrieb aus dem Munde

Jeremia's im vierten Jahr Jojakims, des Sohnes Josias, des Königs in Juda, und sprach:

2 So spricht der HERR Zebaoth, der Gott Israels, von dir Baruch:

3 Du sprichst: Weh mir, wie hat mir der HERR Jammer zu meinem Schmerz hinzugefügt! Ich seufze mich müde und finde keine Ruhe.

4 Sage ihm also: So spricht der HERR: Siehe, was ich gebaut habe, das breche ich ab; und was ich gepflanzt habe, das reute ich aus, nämlich dies mein ganzes Land.

5 Und du begehrst dir große Dinge? Begehre es nicht! Denn siehe, ich will Unglück kommen lassen über alles Fleisch, spricht der HERR; aber deine Seele will ich dir zur Beute geben, an welchen Ort du ziehst.

46. Kapitel

Weissagung wider Ägypten. Trost für Israel.

1 Dies ist das Wort des HERRN, das zu dem Propheten Jeremia geschehen ist wider alle Heiden.

2 Wider Ägypten. Wider das Heer Pharao Nechos, des Königs in Ägypten, welches lag am Wasser Euphrat zu Karchemis, das der König zu Babel, Nebukadnezar, schlug im vierten Jahr Jojakims, des Sohnes Josias, des Königs in Juda:

3 Rüstet Schild und Tartsche (17) und ziehet in den Streit!

4 Spannet Rosse an und lasset Reiter aufsitzen, setzt Helme auf und schärft die Spieße und ziehet den Panzer an!

5 Wie kommt's aber, daß ich sehe, daß sie verzagt sind und die Flucht geben und ihre Helden erschlagen sind? Sie fliehen, daß sie sich auch nicht umsehen. Schrecken ist um und um, spricht der HERR.

6 Der Schnelle kann nicht entfliehen noch der Starke entrinnen. Gegen Mitternacht am Wasser Euphrat sind sie gefallen und darniedergelegt.

7 Wer ist der, so heraufzieht wie der Nil, und seine Wellen erheben sich wie Wasserwellen?

8 Ägypten zieht herauf wie der Nil, und seine Wellen erheben sich wie Wasserwellen, und es spricht: Ich will hinaufziehen, das Land bedecken und die Stadt verderben samt denen, die darin wohnen.

9 Wohlan, sitzt auf die Rosse, rennt mit den Wagen, laßt die Helden ausziehen, die Mohren, und aus Put, die den Schild führen, und die Schützen aus Lud!

10 Denn dies ist der Tag des HERRN HERRN Zebaoth, ein Tag der Rache, daß er sich an seinen Feinden räche, da das Schwert fressen und von ihrem Blut voll und trunken werden wird. Denn sie müssen dem HERRN HERRN Zebaoth ein Schlachtopfer werden im Lande gegen Mitternacht am Wasser Euphrat.

11 Gehe hinauf gen Gilead und hole Salbe, Jungfrau, Tochter Ägyptens! Aber es ist umsonst, daß du viel arzneiest; du wirst doch nicht heil!

12 Deine Schande ist unter die Heiden erschollen, deines Heulens ist das Land voll; denn ein Held fällt über den andern und liegen beide miteinander darnieder.

13 Dies ist das Wort des HERRN, das er zu dem Propheten Jeremia redete, da Nebukadnezar, der König zu Babel, daherzog, Ägyptenland zu schlagen;

14 Verkündiget in Ägypten und saget's an zu Migdol, saget's an zu Noph und Thachpanhes und sprecht: Stelle dich zur Wehr! denn das Schwert wird fressen, was um dich her ist.

15 Wie geht's zu, daß deine Gewaltigen zu Boden fallen und können nicht bestehen? Der HERR hat sie so gestürzt.

16 Er macht, daß ihrer viel fallen, daß einer mit dem andern darniederliegt. Da sprachen sie: Wohlauf, laßt uns wieder zu unserm Volk ziehen, in unser Vaterland vor dem Schwert des Tyrannen!

17 Daselbst schrie man ihnen nach: Pharao, der König Ägyptens, liegt: er hat sein Gezelt gelassen!

18 So wahr als ich lebe, spricht der König, der HERR Zebaoth heißt: Jener wird daherziehen so hoch, wie der Berg Thabor unter den Bergen ist und wie der Karmel am Meer ist.

19 Nimm dein Wandergerät, du Einwohnerin, Tochter Ägyptens; denn Noph wird wüst und verbrannt werden, daß niemand darin wohnen wird.

20 Ägypten ist ein sehr schönes Kalb; aber es kommt von Mitternacht der Schlächter.

21 Auch die, so darin um Sold dienen, sind wie gemästete Kälber; aber sie müssen sich dennoch wenden, flüchtig werden miteinander und werden nicht bestehen; denn der Tag ihres Unfalls wird über sie kommen, die Zeit ihrer Heimsuchung.

22 Man hört sie davonschleichen wie eine Schlange; denn jene kommen mit Heereskraft und bringen Äxte über sie wie die Holzhauer.

23 Die werden hauen also in ihrem Wald, spricht der HERR, daß es nicht zu zählen ist; denn ihrer sind mehr als Heuschrecken, die niemand zählen kann.

24 Die Tochter Ägyptens steht mit Schanden; denn sie ist dem Volk von Mitternacht in die Hände gegeben.

25 Der HERR Zebaoth, der Gott Israels, spricht: Siehe, ich will heimsuchen den Amon zu No und den Pharao und Ägypten samt seinen Göttern und Königen, ja, Pharao mit allen, die sich auf ihn verlassen,

26 daß ich sie gebe in die Hände denen, die ihnen nach ihrem Leben stehen, und in die Hände Nebukadnezars, des Königs zu Babel, und seiner Knechte. Und darnach sollst du

bewohnt werden wie vor alters, spricht der HERR.

27 Aber du, mein Knecht Jakob, fürchte dich nicht, und du, Israel, verzage nicht! Denn siehe, ich will dir aus fernen Landen und deinem Samen aus dem Lande seines Gefängnisses helfen, daß Jakob soll wiederkommen und in Frieden sein und die Fülle haben, und niemand soll ihn schrecken.

28 Darum fürchte dich nicht, du, Jakob, mein Knecht, spricht der HERR; denn ich bin bei dir. Mit allen Heiden, dahin ich dich verstoßen habe, will ich ein Ende machen; aber mit dir will ich nicht ein Ende machen, sondern ich will dich züchtigen mit Maßen, auf daß ich dich nicht ungestraft lasse.

47. Kapitel

Weissagung wider die Philster, Tyrus und Sidon.

1 Dies ist das Wort des HERRN, das zum Propheten Jeremia geschah wider die Philister, ehe denn Pharao Gaza schlug.

2 So spricht der HERR: Siehe, es kommen Wasser herauf von Mitternacht, die eine Flut machen werden und das Land und was darin ist, die Städte und die, so darin wohnen, wegreißen werden, daß die leute werden schreien und alle Einwohner im Lande heulen

3 vor dem Getümmel ihrer starken Rosse, so dahertraben, und vor dem Rasseln ihrer Wagen und Poltern ihrer Räder; daß sich die Väter nicht werden umsehen nach den Kindern, so verzagt werden sie sein

4 vor dem Tage, so da kommt, zu verstören alle Philister und auszureuten Tyrus und Sidon samt ihren andern Gehilfen. Denn der HERR wird die Philister, die das übrige sind aus der Insel Kaphthor, verstören.

5 Gaza wird kahl werden, und Askalon samt den übrigen in ihren Gründen wird verderbt. Wie lange ritzest du dich?

6 O du Schwert des HERRN, wann willst du doch aufhören? Fahre doch in deine Scheide und ruhe und sei still!

7 Aber wie kannst du aufhören, weil der HERR dir Befehl getan hat wider die Anfurt am Meer bestellt?

48. Kapitel

Weissagung wider Moab.

1 Wider Moab. So spricht der HERR Zebaoth, der Gott Israels: Weh der Stadt Nebo! denn sie ist zerstört und liegt elend; Kirjathaim ist gewonnen; die hohe Feste steht elend und ist zerrissen.

2 Der Trotz Moabs ist aus, den sie an Hesbon hatten; denn man gedenkt Böses wider sie: "Kommt, wir wollen sie ausrotten, daß sie kein Volk mehr seien." Und du, Madmen, mußt auch verderbt werden; das Schwert wird hinter dich kommen.

3 Man hört ein Geschrei zu Horonaim von Verstören und großem Jammer.

4 Moab ist zerschlagen! man hört ihre Kleinen schreien;

5 denn sie gehen mit Weinen den Weg hinauf gen Luhith, und die Feinde hören ein Jammergeschrei den Weg von Horonaim herab:

6 "Hebt euch weg und errettet euer Leben!" Aber du wirst sein wie die Heide in der Wüste.

7 Darum, daß du dich auf deine Gebäude verläßt und auf deine Schätze, sollst du auch gewonnen werden; und Kamos muß hinaus gefangen wegziehen samt seinen Priestern und Fürsten.

8 Denn der Verstörer wird über alle Städte kommen, daß nicht eine Stadt entrinnen wird. Es sollen beide, die Gründe verderbt und die Ebenen verstört werden; denn der HERR hat's gesagt.

9 Gebt Moab Federn: er wird ausgehen, als flöge er; und seine Städte werden wüst liegen, daß niemand darin wohnen wird.

10 Verflucht sei, der des HERRN Werk lässig tut; verflucht sei, der sein Schwert aufhält, daß es nicht Blut vergieße!

11 Moab ist von seiner Jugend auf sicher gewesen und auf seinen Hefen stillgelegen und ist nie aus einem Faß ins andere gegossen und nie ins Gefängnis gezogen; darum ist sein Geschmack ihm geblieben und sein Geruch nicht verändert worden.

12 Darum siehe, spricht der HERR, es kommt die Zeit, daß ich ihnen will Schröter (18) schicken, die sie ausschroten sollen und ihre Fässer ausleeren und ihre Krüge zerschmettern.

13 Und Moab soll über dem Kamos zu Schanden werden, gleichwie das Haus Israel über Beth-El zu Schanden geworden ist, darauf sie sich doch verließen.

14 Wie dürft ihr sagen: Wir sind die Helden und die rechten Kriegsleute?

15 so doch Moab muß verstört und ihre Städte erstiegen werden und ihre beste Mannschaft zur Schlachtbank herabgehen muß, spricht der König, welcher heißt der HERR Zebaoth.

16 Denn der Unfall Moabs wird bald kommen, und ihr Unglück eilt sehr.

17 Habt doch Mitleid mit ihnen alle, die ihr um sie her wohnt und ihren Namen kennt, und sprecht: "Wie ist die starke Rute und der herrliche Stab so zerbrochen!"

18 Herab von der Herrlichkeit, du Einwohnerin, Tochter Dibon, und sitze in der Dürre! Denn der Verstörer Moabs wird zu dir hinaufkommen und deine Festen zerreißen.

19 Tritt auf die Straße und schaue, du Einwohnerin Aroers; frage die, so da fliehen und entrinnen, und sprich: "Wie geht's?"

20 Ach, Moab ist verwüstet und verderbt! Heult und schreit; sagt's am Arnon, daß Moab verstört sei!

21 Die Strafe ist über das ebene Land gegangen, nämlich über Holon, Jahza, Mephaath,

22 Dibon, Nebo, Beth-Diblathaim,

23 Kirjathaim, Beth-Gamul, Beth-Meon,

24 Karioth, Bozra und über alle Städte im Lande Moab, sie liegen fern oder nahe.

25 Das Horn Moabs ist abgehauen, und sein Arm ist zerbrochen, spricht der HERR.

26 Macht es trunken (denn es hat sich wider den HERRN erhoben), daß es speien und die Hände ringen müsse, auf daß es auch zum Gespött werde.

27 Denn Israel hat dein Gespött sein müssen, als wäre es unter den Dieben gefunden; und weil du solches wider dasselbe redest, sollst du auch weg müssen.

28 O ihr Einwohner in Moab, verlaßt die Städte und wohnt in den Felsen und tut wie die Tauben, so da nisten in den hohlen Löchern!

29 Man hat immer gesagt von dem stolzen Moab, daß es sehr stolz sei, hoffärtig, hochmütig, trotzig und übermütig.

30 Aber der HERR spricht: Ich kenne seinen Zorn wohl, daß er nicht soviel vermag und

untersteht sich, mehr zu tun, denn sein Vermögen ist.

31 Darum muß ich über Moab heulen und über das ganze Moab schreien und über die Leute zu Kir-Heres klagen.

32 Mehr als über Jaser muß ich über dich, du Weinstock zu Sibma, weinen, dessen Reben über das Meer reichten und bis an das Meer Jaser kamen. Der Verstörer ist in deine Ernte und Weinlese gefallen;

33 Freude und Wonne ist aus dem Felde weg und aus dem Lande Moab, und man wird keinen Wein mehr keltern; der Weintreter wird nicht mehr sein Lied singen

34 von des Geschreies wegen zu Hesbon bis gen Eleale, welches bis gen Jahza erschallt, von Zoar an bis gen Horonaim, bis zum dritten Eglath; denn auch die Wasser Nimrims sollen versiegen.

35 Und ich will, spricht der HERR, in Moab damit ein Ende machen, daß sie nicht mehr auf den Höhen opfern und ihren Göttern räuchern sollen.

36 Darum seufzt mein Herz über Moab wie Flöten, und über die Leute zu Kir-Heres seufzt mein Herz wie Flöten; denn das Gut, das sie gesammelt, ist zu Grunde gegangen.

37 Alle Köpfe werden kahl sein und alle Bärte abgeschoren, aller Hände zerritzt, und jedermann wird Säcke anziehen.

38 Auf allen Dächern und Gassen, allenthalben in Moab, wird man Klagen; denn ich habe Moab zerbrochen wie ein unwertes Gefäß, spricht der HERR.

39 O wie ist es verderbt, wie heulen sie! Wie schändlich hängen sie die Köpfe! Und Moab ist zum Spott und zum Schrecken geworden allen, so ringsumher wohnen.

40 Denn so spricht der HERR: Siehe, er fliegt daher wie ein Adler und breitet seine Flügel aus über Moab.

41 Karioth ist gewonnen, und die festen Städte sind eingenommen; und das Herz der Helden in Moab wird zu derselben Zeit sein wie einer Frau Herz in Kindesnöten.

42 Denn Moab muß vertilgt werden, daß sie kein Volk mehr seien, darum daß es sich wider den HERR erhoben hat.

43 Schrecken, Grube und Strick kommt über dich, du Einwohner in Moab, spricht der HERR.

44 Wer dem Schrecken entflieht, der wird in die Grube fallen, und wer aus der Grube kommt, der wird im Strick gefangen werden; denn ich will über Moab kommen lassen ein Jahr ihrer Heimsuchung, spricht der HERR.

45 Die aus der Schlacht entrinnen, werden Zuflucht suchen zu Hesbon; aber es wird ein Feuer aus Hesbon und eine Flamme aus Sihon gehen, welche die Örter in Moab und die kriegerischen Leute verzehren wird.

46 Weh dir, Moab! verloren ist das Volk des Kamos; denn man hat deine Söhne und Töchter genommen und gefangen weggeführt.

47 Aber in der letzten Zeit will ich das Gefängnis Moabs wenden, spricht der HERR. Das sei gesagt von der Strafe über Moab.

49. Kapitel

Weissagung wider Ammon. Edam, Damaskus, Kedar, Hazor und Elam.

1 Wider die Kinder Ammon spricht der HERR also: Hat denn Israel nicht Kinder, oder hat es keinen Erben? Warum besitzt denn Milkom das Land Gad, und sein Volk wohnt in jener Städten? [Wie kommt es, daß Milkom die Erbschaft in Gad angetreten und sein Volk in den dortigen Städten Wohnung genommen hat? (19)]

2 Darum siehe, es kommt die Zeit, spricht der HERR, daß ich will ein Kriegsgeschrei erschallen lassen über Rabba der Kinder Ammon, daß sie soll auf einem Haufen wüst liegen und ihre Töchter mit Feuer angesteckt werden; aber Israel soll besitzen die, von denen sie besessen waren, spricht der HERR.

3 Heule, o Hesbon! denn Ai ist verstört. Schreiet, ihr Töchter Rabbas, und ziehet Säcke an, klaget und lauft auf den Mauern herum! denn

Milkom wird gefangen weggeführt samt seinen Priestern und Fürsten.

4 Was trotzest du auf deine Auen? Deine Auen sind ersäuft, du ungehorsame Tochter, die du dich auf deine Schätze verlässest und sprichst in deinem Herzen: Wer darf sich an mich machen?

5 Siehe, spricht der HERR HERR Zebaoth: Ich will Furcht über dich kommen lassen von allen, die um dich her wohnen, daß ein jeglicher seines Weges vor sich hinaus verstoßen werde und niemand sei, der die Flüchtigen sammle.

6 Aber darnach will ich wieder wenden das Gefängnis der Kinder Ammon, spricht der HERR.

7 Wider Edom. So spricht der HERR Zebaoth: Ist denn keine Weisheit mehr zu Theman? ist denn kein Rat mehr bei den Klugen? ist ihre Weisheit so leer geworden?

8 Fliehet, wendet euch und verkriecht euch tief, ihr Bürger zu Dedan! denn ich lasse einen Unfall über Esau kommen, die Zeit seiner Heimsuchung.

9 Es sollen Weinleser über dich kommen, die dir kein Nachlesen lassen; und die Diebe des Nachts sollen über dich kommen, die sollen ihnen genug verderben.

10 Denn ich habe Esau entblößt und seine verborgenen Orte geöffnet, daß er sich nicht verstecken kann; sein Same, seine Brüder und seine Nachbarn sind verstört, daß ihrer keiner mehr da ist.

11 Doch was Übrigbleibt von deinen Waisen, denen will ich das Leben gönnen, und deine Witwen werden auf mich hoffen.

12 Denn so spricht der HERR: Siehe, die, so es nicht verschuldet hatten, den Kelch zu trinken, müssen trinken; und du solltest ungestraft bleiben? Du sollst nicht ungestraft bleiben, sondern du mußt auch trinken.

13 Denn ich habe bei mir selbst geschworen, spricht der HERR, daß Bozra soll ein Wunder, Schmach, Wüste und Fluch werden und alle ihre Städte eine ewige Wüste.

14 Ich habe gehört vom HERRN, daß eine Botschaft unter die Heiden gesandt sei: Sammelt euch und kommt her wider sie, macht euch auf zum Streit!

15 Denn siehe, ich habe dich gering gemacht unter den Heiden und verachtet unter den Menschen.

16 Dein Trotz und dein Hochmut hat dich betrogen, weil du in Felsenklüften wohnst und hohe Gebirge innehast. Wenn du denn gleich dein Nest so hoch machtest wie der Adler, dennoch will ich dich von dort herunterstürzen, spricht der HERR.

17 Also soll Edom wüst werden, daß alle die, so vorübergehen, sich wundern und pfeifen werden über alle ihre Plage;

18 gleichwie Sodom und Gomorra samt ihren Nachbarn umgekehrt ist, spricht der HERR, daß

niemand daselbst wohnen noch kein Mensch darin hausen soll.

19 Denn siehe, er kommt herauf wie ein Löwe vom stolzen Jordan her wider die festen Hürden; denn ich will sie daraus eilends wegtreiben, und den, der erwählt ist, darübersetzen. Denn wer ist mir gleich, wer will mich meistern, und wer ist der Hirte, der mir widerstehen kann?

20 So hört nun den Ratschlag des HERRN, den er über Edom hat, und seine Gedanken, die er über die Einwohner in Theman hat. Was gilt's? ob nicht die Hirtenknaben sie fortschleifen werden und ihre Wohnung zerstören,

21 daß die Erde beben wird, wenn's ineinander fällt, und ihr Geschrei wird man am Schilfmeer hören.

22 Siehe, er fliegt herauf wie ein Adler und wird seine Flügel ausbreiten über Bozra. Zur selben Zeit wird das Herz der Helden in Edom sein wie das Herz einer Frau in Kindsnöten.

23 Wider Damaskus. Hamath und Arpad stehen jämmerlich; sie sind verzagt, denn sie hören ein böses Geschrei; die am Meer wohnen, sind so erschrocken, daß sie nicht Ruhe haben können.

24 Damaskus ist verzagt und gibt die Flucht; sie zappelt und ist in Ängsten und Schmerzen wie eine Frau in Kindsnöten.

25 Wie? ist sie nun nicht verlassen, die berühmte und fröhliche Stadt?

26 Darum werden ihre junge Mannschaft auf ihren Gassen darniederliegen und alle ihre

Kriegsleute untergehen zur selben Zeit, spricht der HERR Zebaoth.

27 Und ich will in den Mauern von Damaskus ein Feuer anzünden, daß es die Paläste Benhadads verzehren soll.

28 Wider Kedar und die Königreiche Hazors, welche Nebukadnezar, der König zu Babel, schlug. So spricht der HERR: Wohlauf, zieht herauf gegen Kedar und verstört die gegen Morgen wohnen!

29 Man wird ihnen ihre Hütten und Herden nehmen; ihr Gezelt, alle Geräte und Kamele werden sie wegführen; und man wird über sie rufen: Schrecken um und um!

30 Fliehet, hebet euch eilends davon, verkriechet euch tief, ihr Einwohner in Hazor! spricht der HERR; denn Nebukadnezar, der König zu Babel, hat etwas im Sinn wider euch und meint euch.

31 Wohlauf, ziehet herauf wider ein Volk, das genug hat und sicher wohnt, spricht der HERR; sie haben weder Tür noch Riegel und wohnen allein.

32 Ihre Kamele sollen geraubt und die Menge ihres Viehs genommen werden; und ich will sie zerstreuen in alle Winde, alle, die das Haar rundherum abschneiden; und von allen Orten her will ich ihr Unglück über sie kommen lassen, spricht der HERR,

33 daß Hazor soll eine Wohnung der Schakale und eine ewige Wüste werden, daß niemand daselbst wohne und kein Mensch darin hause.

34 Dies ist das Wort des HERRN, welches geschah zu Jeremia, dem Propheten, wider Elam im Anfang des Königreichs Zedekias, des Königs in Juda, und sprach:

35 So spricht der HERR Zebaoth: Siehe, ich will den Bogen Elams zerbrechen, ihre vornehmste Gewalt,

36 und will die vier Winde aus den vier Enden des Himmels über sie kommen lassen und will sie in alle diese Winde zerstreuen, daß kein Volk sein soll, dahin nicht Vertriebene aus Elam kommen werden.

37 Und ich will Elam verzagt machen vor ihren Feinden und denen, die ihnen nach ihrem Leben stehen, und Unglück über sie kommen lassen mit meinem grimmigen Zorn, spricht der HERR; und will das Schwert hinter ihnen her schicken, bis es sie aufreibe.

38 Meinen Stuhl will ich in Elam aufrichten und will beide, den König und die Fürsten, daselbst umbringen, spricht der HERR.

39 Aber in der letzten Zeit will ich das Gefängnis Elams wieder wenden [In ferner Zukunft aber wende ich das Geschick Elams! (20)], spricht der HERR.

50. Kapitel

Weissagung vom Untergang Babels und von der Erlösung des jüdischen Volkes.

1 Dies ist das Wort, welches der HERR durch den Propheten Jeremia geredet hat wider Babel und das Land der Chaldäer:

2 Verkündiget unter den Heiden und laßt erschallen, werfet ein Panier auf; laßt erschallen, und verberget's nicht und sprecht: Babel ist gewonnen, Bel steht mit Schanden, Merodach ist zerschmettert; ihre Götzen stehen mit Schanden, und ihre Götter sind zerschmettert!

3 Denn es zieht von Mitternacht ein Volk herauf wider sie, welches wird ihr Land zur Wüste machen, daß niemand darin wohnen wird, sondern beide, Leute und Vieh, davonfliehen werden.

4 In denselben Tagen und zur selben Zeit, spricht der HERR, werden kommen die Kinder Israel samt den Kindern Juda und weinend daherziehen und den HERRN, ihren Gott, suchen.

5 Sie werden forschen nach dem Wege gen Zion, dahin sich kehren: Kommt, wir wollen uns zum HERRN fügen mit einem ewigen Bunde, des nimmermehr vergessen werden soll!

6 Denn mein Volk ist wie eine verlorene Herde; ihre Hirten haben sie verführt und auf den Bergen in der Irre gehen lassen, daß sie von den

Bergen auf die Hügel gegangen sind und ihre Hürden vergessen haben.

7 Es fraßen sie alle, die sie antrafen; und ihre Feinde sprachen: Wir tun nicht unrecht! darum daß sie sich haben versündigt an dem HERRN in der Wohnung der Gerechtigkeit und an dem HERRN, der ihrer Väter Hoffnung ist.

8 Fliehet aus Babel und ziehet aus der Chaldäer Lande und stellt euch als Böcke vor der Herde her.

9 Denn siehe, ich will große Völker in Haufen aus dem Lande gegen Mitternacht erwecken und wider Babel heraufbringen, die sich wider sie sollen rüsten, welche sie sollen auch gewinnen; ihre Pfeile sind wie die eines guten Kriegers, der nicht fehlt.

10 Und das Chaldäerland soll ein Raub werden, daß alle, die sie berauben, sollen genug davon haben, spricht der HERR;

11 darum daß ihr euch des freut und rühmt, daß ihr mein Erbteil geplündert habt, und hüpft wie die jungen Kälber und wiehert wie die starken Gäule.

12 Eure Mutter besteht mit großer Schande, und die euch geboren hat, ist zum Spott geworden; siehe, unter den Heiden ist sie die geringste, wüst, dürr und öde.

13 Denn vor dem Zorn des HERRN muß sie unbewohnt und ganz wüst bleiben, daß alle, so bei Babel vorübergehen, werden sich verwundern und pfeifen über all ihr Plage.

14 Rüstet euch wider Babel umher, alle Schützen, schießt in sie, spart die Pfeile nicht; denn sie hat wider den HERRN gesündigt.

15 Jauchzt über sie um und um! Sie muß sich ergeben, ihr Grundfesten sind zerfallen, ihre Mauern sind abgebrochen; denn das ist des HERRN Rache. Rächt euch an ihr, tut ihr, wie sie getan hat.

16 Rottet aus von Babel beide, den Säemann und den Schnitter in der Ernte, daß ein jeglicher vor dem Schwert des Tyrannen sich kehre zu seinem Volk und ein jeglicher fliehe in sein Land.

17 Israel hat müssen sein eine zerstreute Herde, die die Löwen verscheucht haben. Am ersten fraß sie der König von Assyrien; darnach überwältigte sie Nebukadnezar, der König zu Babel.

18 Darum spricht der HERR Zebaoth, der Gott Israels, also: Siehe, ich will den König zu Babel heimsuchen und sein Land, gleichwie ich den König von Assyrien heimgesucht habe.

19 Israel aber will ich wieder Heim zu seiner Wohnung bringen, daß sie auf Karmel und Basan weiden und ihre Seele auf dem Gebirge Ephraim und Gilead gesättigt werden soll.

20 Zur selben Zeit und in denselben Tagen wird man die Missetat Israels suchen, spricht der HERR, aber es wird keine da sein, und die Sünden Juda's, aber es wird keine gefunden

werden; denn ich will sie vergeben denen, so ich übrigbleiben lasse.

21 Zieh hinauf wider das Land, das alles verbittert hat; zieh hinauf wider die Einwohner der Heimsuchung; verheere und verbanne ihre Nachkommen, spricht der HERR, und tue alles, was ich dir befohlen habe!

22 Es ist ein Kriegsgeschrei im Lande und großer Jammer.

23 Wie geht's zu, daß der Hammer der ganzen Welt zerbrochen und zerschlagen ist? Wie geht's zu, daß Babel eine Wüste geworden ist unter allen Heiden?

24 Ich habe dir nachgestellt, Babel; darum bist du auch gefangen, ehe du dich's versahst; du bist getroffen und ergriffen, denn du hast dem HERRN getrotzt.

25 Der HERR hat seinen Schatz aufgetan und die Waffen seines Zorns hervorgebracht; denn der HERR HERR Zebaoth hat etwas auszurichten in der Chaldäer Lande.

26 Kommt her wider sie, ihr vom Ende, öffnet ihre Kornhäuser, werft sie in einen Haufen und verbannt sie, daß ihr nichts übrigbleibe!

27 Erwürgt alle ihre Rinder, führt sie hinab zur Schlachtbank! Weh ihnen! denn der Tag ist gekommen, die Zeit ihrer Heimsuchung.

28 Man hört ein Geschrei der Flüchtigen und derer, so entronnen sind aus dem Lande Babel, auf daß sie verkündigen zu Zion die Rache des

HERRN, unsers Gottes, die Rache seines Tempels.

29 Ruft viel wider Babel, belagert sie um und um, alle Bogenschützen, und laßt keinen davonkommen! Vergeltet ihr, wie sie verdient hat; wie sie getan hat, so tut ihr wieder! denn sie hat stolz gehandelt wider den HERR, den Heiligen in Israel.

30 Darum soll ihre junge Mannschaft fallen auf ihren Gassen, und alle Kriegsleute sollen untergehen zur selben Zeit, spricht der HERR.

31 Siehe, du Stolzer, ich will an dich, spricht der HERR HERR Zebaoth; denn dein Tag ist gekommen, die Zeit deiner Heimsuchung.

32 Da soll der Stolze stürzen und fallen, daß ihn niemand aufrichte; ich will seine Städte mit Feuer anstecken, das soll alles, was um ihn her ist, verzehren.

33 So spricht der HERR Zebaoth: Siehe, die Kinder Israel samt den Kindern Juda müssen Gewalt und Unrecht leiden; alle, die sie gefangen weggeführt haben, halten sie und wollen sie nicht loslassen.

34 Aber ihr Erlöser ist stark, der heißt HERR Zebaoth; der wird ihre Sache so ausführen, daß er das Land bebend und die Einwohner zu Babel zitternd mache.

35 Schwert soll kommen, spricht der HERR, über die Chaldäer und über ihr Einwohner zu Babel und über ihre Fürsten und über ihre Weisen!

36 Schwert soll kommen über ihre Weissager, daß sie zu Narren werden; Schwert soll kommen über ihre Starken, daß sie verzagen!

37 Schwert soll kommen über ihre Rosse und Wagen und alles fremde Volk, so darin sind, daß sie zu Weibern werden! Schwert soll kommen über ihre Schätze, daß sie geplündert werden!

38 Trockenheit soll kommen über ihre Wasser, daß sie versiegen! denn es ist ein Götzenland, und sie trotzen auf ihre schrecklichen Götzen.

39 Darum sollen Wüstentiere und wilde Hunde darin wohnen und die jungen Strauße; und es soll nimmermehr bewohnt werden und niemand darin hausen für und für,

40 gleichwie Gott Sodom und Gomorra samt ihren Nachbarn umgekehrt hat, spricht der HERR, daß niemand darin wohne noch ein Mensch darin hause.

41 Siehe, es kommt ein Volk von Mitternacht her; viele Heiden und viele Könige werden vom Ende der Erde sich aufmachen.

42 Die haben Bogen und Lanze; sie sind grausam und unbarmherzig; ihr Geschrei ist wie das Brausen des Meeres; sie reiten auf Rossen, gerüstet wie Kriegsmänner wider dich, du Tochter Babel.

43 Wenn der König zu Babel ihr Gerücht hören wird, so werden ihm die Fäuste entsinken; ihm wird so angst und bange werden wie einer Frau in Kindsnöten.

44 Siehe, er kommt herauf wie ein Löwe vom stolzen Jordan wider die festen Hürden; denn ich will sie daraus eilends wegtreiben, und den, der erwählt ist, darübersetzen. Denn wer ist mir gleich, wer will micht meistern, und wer ist der Hirte, der mir widerstehen kann?

45 So hört nun den Ratschlag des HERRN, den er über Babel hat, und seine Gedanken, die er hat über die Einwohner im Land der Chaldäer! Was gilt's? ob nicht die Hirtenknaben sie fortschleifen werden und ihre Wohnung zerstören.

46 Und die Erde wird beben von dem Geschrei, und es wird unter den Heiden erschallen, wenn Babel gewonnen wird.

51. Kapitel

Fortsetzung: Babel durch die Meder zerstört; die Juden dürfen heimkehren.

1 So spricht der HERR: Siehe, ich will einen scharfen Wind erwecken wider Babel und wider ihre Einwohner, die sich wider mich gesetzt haben.

2 Ich will auch Worfler gen Babel schicken, die sie worfeln (2) sollen und ihr Land ausfegen, die allenthalben um sie sein werden am Tage ihres Unglücks;

3 denn ihre Schützen werden nicht schießen, und ihre Geharnischten werden sich nicht wehren können. So verschont nun ihre junge Mannschaft nicht, verbannet all ihr Heer,

4 daß die Erschlagenen daliegen im Lande der Chaldäer und die Erstochenen auf ihren Gassen!

5 Denn Israel und Juda sollen nicht Witwen von ihrem Gott, dem HERRN Zebaoth, gelassen werden. Denn jener Land hat sich hoch verschuldet am Heiligen in Israel.

6 Fliehet aus Babel, damit ein jeglicher seine Seele errette, daß ihr nicht untergeht in ihrer Missetat! Denn dies ist die Zeit der Rache des HERRN, der ein Vergelter ist und will ihnen bezahlen.

7 Ein goldener Kelch, der alle Welt trunken gemacht hat, war Babel in der Hand des HERRN; alle Heiden haben von ihrem Wein getrunken, darum sind die Heiden so toll geworden.

8 Wie plötzlich ist Babel gefallen und zerschmettert! Heulet über sie, nehmet auch Salbe zu ihren Wunden, ob sie vielleicht möchte heil werden!

9 Wir heilen Babel; aber sie will nicht heil werden. So laßt sie fahren und laßt uns ein jeglicher in sein Land ziehen! Denn ihre Strafe reicht bis an den Himmel und langt hinauf bis an die Wolken.

10 Der HERR hat unsre Gerechtigkeit hervorgebracht; kommt, laßt uns zu Zion erzählen die Werke des HERRN, unsers Gottes!

11 Ja, schärft nun die Pfeile wohl und rüstet die Schilde! Der HERR hat den Mut der Könige in Medien erweckt; denn seine Gedanken stehen wider Babel, daß er sie verderbe. Denn dies ist die Rache des HERRN, die Rache seines Tempels.

12 Ja, steckt nun Panier auf die Mauern zu Babel, nehmt die Wache ein, setzt Wächter, bestellt die Hut! denn der HERR gedenkt etwas und wird auch tun, was er wider die Einwohner zu Babel geredet hat.

13 Die du an großen Wassern wohnst und große Schätze hast, dein Ende ist gekommen, und dein Geiz ist aus!

14 Der HERR Zebaoth hat bei seiner Seele geschworen: Ich will dich mit Menschen füllen, als wären's Käfer; die sollen dir ein Liedlein singen!

15 Er hat die Erde durch seine Kraft gemacht und den Weltkreis durch seine Weisheit bereitet und den Himmel ausgebreitet durch seinen Verstand.

16 Wenn er donnert, so ist da Wasser die Menge unter dem Himmel [auf dessen Befehl sich die Menge des Wassers am Himmel ergießt (21)]; er zieht die Nebel auf vom Ende der Erde; er macht die Blitze im Regen und läßt den Wind kommen aus seinen Vorratskammern.

17 Alle Menschen sind Narren mit ihrer Kunst, und die Goldschmiede bestehen mit Schanden

mit ihren Bildern; denn ihre Götzen sind Trügerei und haben kein Leben.

18 Es ist eitel Nichts und verführerisches Werk; sie müssen umkommen, wenn sie heimgesucht werden.

19 Aber also ist der nicht, der Jakobs Schatz ist; sondern der alle Dinge schafft, der ist's, und Israel ist sein Erbteil. Er heißt HERR Zebaoth.

20 Du bist mein Hammer, meine Kriegswaffe; durch dich zerschmettere ich die Heiden und zerstöre die Königreiche;

21 durch dich zerschmettere ich Rosse und Reiter und zerschmettere Wagen und Fuhrmänner;

22 durch dich zerschmettere ich Männer und Weiber und zerschmettere Alte und Junge und zerschmettere Jünglinge und Jungfrauen;

23 durch dich zerschmettere ich Hirten und Herden und zerschmettere Bauern und Joche und zerschmettere Fürsten und Herren.

24 Und ich will Babel und allen Einwohnern in Chaldäa vergelten alle ihre Bosheit, die sie an Zion begangen haben, vor euren Augen, spricht der HERR.

25 Siehe, ich will an dich, du schädlicher Berg, der du alle Welt verderbest, spricht der HERR; ich will meine Hand über dich strecken und dich von den Felsen herabwälzen und will einen verbrannten Berg aus dir machen,

26 daß man weder Eckstein noch Grundstein aus dir nehmen könne, sondern eine ewige Wüste sollst du sein, spricht der HERR.

27 Werfet Panier auf im Lande, blaset die Posaune unter den Heiden, heiliget die Heiden wider sie; rufet wider sie die Königreiche Ararat, Minni und Askenas; bestellt Hauptleute wider sie; bringt Rosse herauf wie flatternde Käfer!

28 Heiligt die Heiden wider sie, die Könige aus Medien samt allen ihren Fürsten und Herren und das ganze Land ihrer Herrschaft,

29 daß das Land erbebe und erschrecke; denn die Gedanken des HERRN wollen erfüllt werden wider Babel, daß er das Land Babel zur Wüste mache, darin niemand wohne.

30 Die Helden zu Babel werden nicht zu Felde ziehen, sondern müssen in der Festung bleiben, ihre Stärke ist aus, sie sind Weiber geworden; ihre Wohnungen sind angesteckt und ihre Riegel zerbrochen.

31 Es läuft hier einer und da einer dem andern entgegen, und eine Botschaft begegnet der andern, dem König zu Babel anzusagen, daß seine Stadt gewonnen sei bis ans Ende

32 und die Furten eingenommen und die Seen ausgebrannt sind und die Kriegsleute seien blöde geworden.

33 Denn also spricht der HERR Zebaoth, der Gott Israels: "Die Tochter Babel ist wie eine Tenne, wenn man darauf drischt; es wird ihre Ernte gar bald kommen."

34 Nebukadnezar, der König zu Babel, hat mich gefressen und umgebracht; er hat aus mir ein leeres Gefäß gemacht; er hat mich verschlungen wie ein Drache; er hat seinen Bauch gefüllt mit meinem Köstlichsten; er hat mich verstoßen.

35 Nun aber komme über Babel der Frevel, an mir begangen und an meinem Fleische, spricht die Einwohnerin zu Zion, und mein Blut über die Einwohner in Chaldäa, spricht Jerusalem.

36 Darum spricht der HERR also: Siehe, ich will dir deine Sache ausführen und dich rächen; ich will ihr Meer austrocknen und ihre Brunnen versiegen lassen.

37 Und Babel soll zum Steinhaufen und zur Wohnung der Schakale werden, zum Wunder und zum Anpfeifen, daß niemand darin wohne.

38 Sie sollen miteinander brüllen wie die Löwen und schreien wie die jungen Löwen.

39 Ich will sie mit ihrem Trinken in die Hitze setzen und will sie trunken machen, daß sie fröhlich werden und einen ewigen Schlaf schlafen, von dem sie nimmermehr aufwachen sollen, spricht der HERR.

40 Ich will sie herunterführen wie Lämmer zur Schlachtbank, wie die Widder mit den Böcken.

41 Wie ist Sesach so gewonnen und die Berühmte in aller Welt so eingenommen! Wie ist Babel so zum Wunder geworden unter den Heiden!

42 Es ist ein Meer über Babel gegangen, und es ist mit seiner Wellen Menge bedeckt.

43 Ihre Städte sind zur Wüste und zu einem dürren, öden Lande geworden, zu einem Lande, darin niemand wohnt und darin kein Mensch wandelt.

44 Denn ich habe den Bel zu Babel heimgesucht und habe aus seinem Rachen gerissen, was er verschlungen hatte; und die Heiden sollen nicht mehr zu ihm laufen; denn es sind auch die Mauern zu Babel zerfallen.

45 Ziehet heraus, mein Volk, und errette ein jeglicher seine Seele vor dem grimmigen Zorn des HERRN!

46 Euer Herz möchte sonst weich werden und verzagen vor dem Geschrei, das man im Lande hören wird; denn es wird ein Geschrei übers Jahr gehen und darnach im andern Jahr auch ein Geschrei über Gewalt im Lande und wird ein Fürst wider den andern sein.

47 Darum siehe, es kommt die Zeit, daß ich die Götzen zu Babel heimsuchen will und ihr ganzes Land zu Schanden werden soll und ihre Erschlagenen darin liegen werden.

48 Himmel und Erde und alles was darinnen ist, werden jauchzen über Babel, daß ihre Verstörer von Mitternacht gekommen sind, spricht der HERR.

49 Und wie Babel in Israel die Erschlagenen gefällt hat, also sollen zu Babel die Erschlagenen fallen im ganzen Lande.

50 So ziehet nun hin, die ihr dem Schwert entronnen seid, und säumet euch nicht!

Gedenket des HERRN im fernen Lande und lasset euch Jerusalem im Herzen sein!

51 Wir waren zu Schanden geworden, da wir die Schmach hören mußten, und die Scham unser Angesicht bedeckte, da die Fremden über das Heiligtum des Hauses des HERRN kamen.

52 Darum siehe, die Zeit kommt, spricht der HERR, daß ich ihre Götzen heimsuchen will, und im ganzen Lande sollen die tödlich Verwundeten seufzen.

53 Und wenn Babel gen Himmel stiege und ihre Macht in der Höhe festmachte, so sollen doch Verstörer von mir über sie kommen, spricht der HERR.

54 Man hört ein Geschrei zu Babel und einen großen Jammer in der Chaldäer Lande;

55 denn der HERR verstört Babel und verderbt sie mit großem Getümmel; ihre Wellen brausen wie die großen Wasser, es erschallt ihr lautes Toben.

56 Denn es ist über Babel der Verstörer gekommen, ihre Helden werden gefangen, ihre Bogen zerbrochen; denn der Gott der Rache, der HERR, bezahlt ihr.

57 Ich will ihre Fürsten, Weisen, Herren und Hauptleute und Krieger trunken machen, daß sie einen ewigen Schlaf sollen schlafen, davon sie nimmermehr aufwachen, spricht der König, der da heißt HERR Zebaoth.

58 So spricht der HERR Zebaoth: Die Mauern der großen Babel sollen untergraben und ihre

hohen Tore mit Feuer angesteckt werden, daß der Heiden Arbeit verloren sei, und daß verbrannt werde, was die Völker mit Mühe erbaut haben.

59 Dies ist das Wort, das der Prophet Jeremia befahl Seraja, dem Sohn Nerias, des Sohnes Maasejas, da er zog mit Zedekia, dem König in Juda, gen Babel im vierten Jahr seines Königreichs. Und Seraja war der Marschall für die Reise.

60 Und Jeremia schrieb all das Unglück, so über Babel kommen sollte, in ein Buch, nämlich alle diese Worte, die wider Babel geschrieben sind.

61 Und Jeremia sprach zu Seraja: Wenn du gen Babel kommst, so schaue zu und lies alle diese Worte

62 und sprich: HERR, du hast geredet wider diese Stätte, daß du sie willst ausrotten, daß niemand darin wohne, weder Mensch noch Vieh, sondern daß sie ewiglich wüst sei.

63 Und wenn du das Buch hast ausgelesen, so binde einen Stein daran und wirf es in den Euphrat

64 und sprich: also soll Babel versenkt werden und nicht wieder aufkommen von dem Unglück, das ich über sie bringen will, sondern vergehen. So weit hat Jeremia geredet.

52. Kapitel

Anhang: kurze Geschichte der Zerstörung Jerusalems; Begnadigung des Königs Jojachin.

1 Zedekia war einundzwanzig Jahre alt, da er König ward und regierte elf Jahre zu Jerusalem. Seine Mutter hieß Hamutal, eine Tochter Jeremia's zu Libna.

2 Und er tat was dem HERRN übel gefiel, gleich wie Jojakim getan hatte.

3 Denn es ging des HERRN Zorn über Jerusalem und Juda, bis er sie von seinem Angesicht verwarf. Und Zedekia fiel ab vom König zu Babel.

4 Aber im neunten Jahr seines Königreichs, am zehnten Tage des zehnten Monats, kam Nebukadnezar, der König zu Babel, samt all seinem Heer wider Jerusalem, und sie belagerten es und machten Bollwerke ringsumher.

5 Und blieb also die Stadt belagert bis ins elfte Jahr des Königs Zedekia.

6 Aber am neunten Tage des vierten Monats nahm der Hunger überhand in der Stadt, und hatte das Volk vom Lande nichts mehr zu essen.

7 Da brach man in die Stadt; und alle Kriegsleute gaben die Flucht und zogen zur Stadt hinaus bei der Nacht auf dem Wege durch das Tor zwischen den zwei Mauern, der zum

Garten des Königs geht. Aber die Chaldäer lagen um die Stadt her.

8 Und da diese zogen des Weges zum blachen Feld, jagte der Chaldäer Heer dem König nach und ergriffen Zedekia in dem Felde bei Jericho; da zerstreute sich all sein Heer von ihm.

9 Und sie fingen den König und brachten ihn hinauf zum König zu Babel gen Ribla, das im Lande Hamath liegt, der sprach ein Urteil über ihn.

10 Allda ließ der König zu Babel die Söhne Zedekias vor seinen Augen erwürgen und erwürgte alle Fürsten Juda's zu Ribla.

11 Aber Zedekia ließ er die Augen ausstechen und ließ ihn mit zwei Ketten binden, und führte ihn also der König zu Babel gen Babel und legte ihn ins Gefängnis, bis daß er starb.

12 Am zehnten Tage des fünften Monats, welches ist das neunzehnte Jahr Nebukadnezars, des Königs zu Babel, kam Nebusaradan, der Hauptmann der Trabanten, der stets um den König zu Babel war gen Jerusalem

13 und verbrannte des HERRN Haus und des Königs Haus und alle Häuser zu Jerusalem; alle großen Häuser verbrannte er mit Feuer.

14 Und das ganze Heer der Chaldäer, so bei dem Hauptmann war, riß um alle Mauern zu Jerusalem ringsumher.

15 Aber das arme Volk und andere Volk so noch übrig war in der Stadt, und die zum König zu Babel fielen und das übrige Handwerksvolk

führte Nebusaradan, der Hauptmann, gefangen weg.

16 Und vom armen Volk auf dem Lande ließ Nebusaradan, der Hauptmann, bleiben Weingärtner und Ackerleute.

17 Aber die ehernen Säulen am Hause des HERR und das Gestühl und das eherne Meer am Hause des HERRN zerbrachen die Chaldäer und führten all das Erz davon gen Babel.

18 Und die Kessel, Schaufeln, Messer, Becken, Kellen und alle ehernen Gefäße, die man im Gottesdienst pflegte zu brauchen, nahmen sie weg.

19 Dazu nahm der Hauptmann, was golden und silbern war an Bechern, Räuchtöpfen, Becken, Kesseln, Leuchtern, Löffeln und Schalen.

20 Die zwei Säulen, das Meer, die Zwölf ehernen Rinder darunter und die Gestühle, welche der König Salomo hatte lassen machen zum Hause des HERRN, alles dieses Gerätes aus Erz war unermeßlich viel.

21 Der zwei Säulen aber war eine jegliche achtzehn Ellen hoch, und eine Schnur, zwölf Ellen lang, reichte um sie her, und war eine jegliche vier Finger dick und inwendig hohl;

22 und stand auf jeglicher ein eherner Knauf, fünf Ellen hoch, und ein Gitterwerk und Granatäpfel waren an jeglichem Knauf ringsumher, alles ehern; und war eine Säule wie die andere, die Granatäpfel auch.

23 Es waren der Granatäpfel sechsundneunzig daran, und aller Granatäpfel waren hundert an einem Gitterwerk rings umher.

24 Und der Hauptmann nahm den obersten Priester Seraja und den Priester Zephanja, den nächsten nach ihm, und die drei Torhüter

25 und einen Kämmerer aus der Stadt, welcher über die Kriegsleute gesetzt war, und sieben Männer, welche um den König sein mußten, die in der Stadt gefunden wurden, dazu den Schreiber des Feldhauptmanns, der das Volk im Lande zum Heer aufbot, dazu sechzig Mann Landvolks, so in der Stadt gefunden wurden:

26 diese nahm Nebusaradan, der Hauptmann, und brachte sie dem König zu Babel gen Ribla.

27 Und der König zu Babel schlug sie tot zu Ribla, das im Lande Hamath liegt. Also ward Juda aus seinem Lande weggeführt.

28 Dies ist das Volk, welches Nebukadnezar weggeführt hat: im siebenten Jahr dreitausend und dreiundzwanzig Juden;

29 Im achtzehnten Jahr aber des Nebukadnezars achthundert und zweiunddreißig Seelen aus Jerusalem;

30 und im dreiundzwanzigsten Jahr des Nebukadnezars führte Nebusaradan, der Hauptmann, siebenhundert und fünfundvierzig Seelen weg aus Juda. Alle Seelen sind viertausend und sechshundert.

31 Aber im siebenunddreißigsten Jahr, nachdem Jojachin, der König zu Juda,

weggeführt war, am fünfundzwanzigsten Tage des zwölften Monats, erhob Evil-Merodach, der König zu Babel, im Jahr, da er König ward, das Haupt Jojachins, des Königs in Juda, und ließ ihn aus dem Gefängnis

32 und redete freundlich mit ihm und setzte seinen Stuhl über der Könige Stühle, die bei ihm zu Babel waren,

33 und wandelte ihm seines Gefängnisses Kleider, daß er vor ihm aß stets sein Leben lang.

34 Und ihm ward stets sein Unterhalt vom König zu Babel gegeben, wie es ihm verordnet war, sein ganzes Leben lang bis an sein Ende.

Die Klagelieder des Jeremia

Eine detaillierte Beschreibung der Konsequenzen einer Abkehr von Gott

1. Kapitel

*Jerusalem,
verödet und beschimpft,
klagt und fleht um Hilfe.*

1 Wie liegt die Stadt so wüst, die voll Volks war! Sie ist wie eine Witwe, die Fürstin unter den Heiden; und die eine Königin in den Ländern war, muß nun dienen.

2 Sie weint des Nachts, daß ihr die Tränen über die Wangen laufen; es ist niemand unter allen ihren Freunden, der sie tröstet; alle ihre Nächsten sind ihr untreu und ihre Feinde geworden.

3 Juda ist gefangen in Elend und schwerem Dienst; sie wohnt unter den Heiden und findet keine Ruhe; alle ihre Verfolger halten sie übel.

4 Die Straßen gen Zion liegen wüst; weil niemand auf ein Fest kommt; alle ihre Tore stehen öde, ihre Priester seufzen; ihre Jungfrauen sehen jämmerlich [ihre Jungfrauen sind voller Kummer (1)], und sie ist betrübt.

5 Ihre Widersacher schweben empor, ihren Feinden geht's wohl; denn der HERR hat sie voll Jammers gemacht um ihrer großen Sünden willen, und ihre Kinder sind gefangen vor dem Feinde hin gezogen.

6 Es ist von der Tochter Zion aller Schmuck dahin. Ihre Fürsten sind wie die Widder, die keine Weide finden und matt vor dem Treiber her gehen.

7 Jerusalem denkt in dieser Zeit, wie elend und verlassen sie ist und wie viel Gutes sie von alters her gehabt hat, weil all ihr Volk darniederliegt unter dem Feinde und ihr niemand hilft; ihre Feinde sehen ihre Lust an ihr und spotten ihrer Sabbate.

8 Jerusalem hat sich versündigt; darum muß sie sein wie ein unrein Weib. Alle die sie ehrten, verschmähen sie jetzt, weil sie ihre Blöße sehen; sie aber seufzt und hat sich abgewendet.

9 Ihr Unflat klebt an ihrem Saum; sie hätte nicht gemeint, daß es ihr zuletzt so gehen würde. Sie ist ja zu greulich heruntergestoßen und hat dazu niemand, der sie tröstet. Ach HERR, siehe an mein Elend; denn der Feind prangt sehr!

10 Der Feind hat seine Hand an alle ihre Kleinode gelegt; denn sie mußte zusehen, daß die Heiden in ihr Heiligtum gingen, von denen du geboten hast, sie sollen nicht in die Gemeinde kommen.

11 All ihr Volk seufzt und geht nach Brot; sie geben ihre Kleinode um Speise, daß sie die Seele laben. Ach HERR sieh doch und schaue, wie schnöde ich geworden bin! [sie geben ihre Kostbarkeiten für Nahrung hin, um sich am Leben zu halten. Siehe, HERR, und schau, wie verachtet ich bin! (2)]

12 Euch sage ich allen, die ihr vorübergeht; Schauet doch und sehet, ob irgend ein Schmerz sei wie mein Schmerz, der mich getroffen hat; denn der HERR hat mich voll Jammers gemacht am Tage seines grimmigen Zorns.

13 Er hat ein Feuer aus der Höhe in meine Gebeine gesandt und es lassen walten. Er hat meinen Füßen ein Netz gestellt und mich zurückgeprellt [mich zu Fall gebracht (3)]; er hat mich zur Wüste gemacht, daß ich täglich trauern muß.

14 Meine schweren Sünden sind durch seine Strafe erwacht und in Haufen mir auf den Hals gekommen, daß mir alle meine Kraft vergeht. Der HERR hat mich also zugerichtet, daß ich nicht aufkommen kann. [Der Herr lieferte mich solchen in die Hände, denen ich nicht standhalten kann. (4)]

15 Der HERR hat zertreten alle meine Starken, die ich hatte; er hat über mich ein Fest ausrufen lassen, meine junge Mannschaft zu verderben. Der HERR hat der Jungfrau Tochter Juda die Kelter getreten. (5)

16 Darum weine ich so, und meine beiden Augen fließen mit Wasser, daß der Tröster, der meine Seele sollte erquicken, fern von mir ist. Meine Kinder sind dahin; denn der Feind hat die Oberhand gekriegt.

17 Zion streckt ihre Hände aus, und ist doch niemand, der sie tröste; denn der HERR hat rings um Jakob her seinen Feinden geboten, daß

Jerusalem muß zwischen ihnen sein wie ein unrein Weib.

18 Der HERR ist gerecht; denn ich bin seinem Munde ungehorsam gewesen. Höret, alle Völker, schauet meinen Schmerz! Meine Jungfrauen und Jünglinge sind ins Gefängnis gegangen.

19 Ich rief meine Freunde an, aber sie haben mich betrogen. Meine Priester und Ältesten in der Stadt sind verschmachtet; denn sie gehen nach Brot, damit sie ihre Seele laben.

20 Ach Herr, siehe doch, wie bange ist mir, daß mir's im Leibe davon weh tut! Mein Herz wallt mir in meinem Leibe, weil ich so gar ungehorsam gewesen bin. Draußen hat mich das Schwert und im Hause hat mich der Tod zur Witwe gemacht.

21 Man hört's wohl, daß ich seufze, und habe doch keinen Tröster; alle meine Feinde hören mein Unglück und freuen sich; das machst du. So laß doch den Tag kommen, den du ausrufest, daß es ihnen gehen soll wie mir.

22 Laß alle ihre Bosheit vor dich kommen und richte sie zu, wie du mich um aller meiner Missetat willen zugerichtet hast; denn meines Seufzens ist viel, und mein Herz ist betrübt.

2. Kapitel

*Trauerlied über die
Verwüstung Juda's und Jerusalems*

1 Wie hat der HERR die Tochter Zion mit seinem Zorn überschüttet! Er hat die Herrlichkeit Israels vom Himmel auf die Erde geworfen; er hat nicht gedacht an seinen Fußschemel am Tage seines Zorns.

2 Der HERR hat alle Wohnungen Jakobs ohne Barmherzigkeit vertilgt; er hat die Festen der Tochter Juda abgebrochen in seinem Grimm und geschleift; er hat entweiht beide, ihr Königreich und ihre Fürsten.

3 Er hat alle Hörner Israels in seinem grimmigen Zorn zerbrochen; er hat seine rechte Hand hinter sich gezogen, da der Feind kam, und hat in Jakob ein Feuer angesteckt, das umher verzehrt.

4 Er hat seinen Bogen gespannt wie ein Feind; seine rechte Hand hat er geführt wie ein Widersacher und hat erwürgt alles, was lieblich anzusehen war, und seinen Grimm wie ein Feuer ausgeschüttet in der Hütte der Tochter Zion.

5 Der HERR ist gleich wie ein Feind; er hat vertilgt Israel; er hat vertilgt alle ihre Paläste und hat die Festen verderbt; er hat der Tochter Juda viel Klagens und Leides gemacht.

6 Er hat sein Gezelt zerwühlt wie einen Garten

und seine Wohnung verderbt; der HERR hat zu Zion Feiertag und Sabbat lassen vergessen und in seinem grimmigen Zorn König und Priester schänden lassen.

7 Der HERR hat seinen Altar verworfen und sein Heiligtum entweiht; er hat die Mauern ihrer Paläste in des Feindes Hände gegeben, daß sie im Hause des Herrn geschrieen haben wie an einem Feiertag.

8 Der HERR hat gedacht zu verderben die Mauer der Tochter Zion; er hat die Richtschnur darübergezogen und seine Hand nicht abgewendet, bis er sie vertilgte; die Zwinger stehen kläglich, und die Mauer liegt jämmerlich.

9 Ihre Tore liegen tief in der Erde; er hat die Riegel zerbrochen und zunichte gemacht. Ihr König und ihre Fürsten sind unter den Heiden, wo sie das Gesetz nicht üben können und ihre Propheten kein Gesicht vom HERRN haben.

10 Die Ältesten der Tochter Zion liegen auf der Erde und sind still; sie werfen Staub auf ihre Häupter und haben Säcke angezogen; die Jungfrauen von Jerusalem hängen ihre Häupter zur Erde.

11 Ich habe schier meine Augen ausgeweint, daß mir mein Leib davon wehe tut; meine Leber ist auf die Erde ausgeschüttet [das Herz ist mir gebrochen (6)] über den Jammer der Tochter meines Volkes, da die Säuglinge und Unmündigen auf den Gassen in der Stadt verschmachteten,

12 da sie so zu ihren Müttern sprachen: Wo ist Brot und Wein? da sie auf den Gassen in der Stadt verschmachteten wie die tödlich Verwundeten und in den Armen ihrer Mütter den Geist aufgaben.

13 Ach du Tochter Jerusalem, wem soll ich dich vergleichen, und wofür soll ich dich rechnen? Du Jungfrau Tochter Zion, wem soll ich dich vergleichen, damit ich dich trösten möchte? Denn dein Schaden ist groß wie ein Meer; wer kann dich heilen?

14 Deine Propheten haben dir lose und törichte Gesichte gepredigt [Deine Propheten haben dir Lüge und Trug geweissagt (7)] und dir deine Missetat nicht geoffenbart, damit sie dein Gefängnis abgewandt hätten, sondern haben dir gepredigt lose Predigt, damit sie dich zum Lande hinaus predigten.

15 Alle, die vorübergehen, klatschen mit den Händen, pfeifen dich an und schütteln den Kopf über die Tochter Jerusalem; Ist das die Stadt, von der man sagt, sie sei die allerschönste, der sich das ganze Land freut?

16 Alle deine Feinde sperren ihr Maul auf wider dich, pfeifen dich an, blecken die Zähne und sprechen: He! wir haben sie vertilgt; das ist der Tag, den wir begehrt haben; wir haben's erlangt, wir haben's erlebt.

17 Der HERR hat getan, was er vorhatte; er hat sein Wort erfüllt, das er längst zuvor geboten hat; er hat ohne Barmherzigkeit zerstört; er hat

den Feind über dich erfreut und deiner Widersacher Horn erhöht.

18 Ihr Herz schrie zum HERRN. O du Mauer der Tochter Zion, laß Tag und Nacht Tränen herabfließen wie einen Bach; höre nicht auf, und dein Augapfel lasse nicht ab.

19 Stehe des Nachts auf und schreie; schütte dein Herz aus in der ersten Wache gegen den HERRN wie Wasser; hebe deine Hände gegen ihn auf um der Seelen willen deiner jungen Kinder, die vor Hunger verschmachten vorn an allen Gassen!

20 HERR, schaue und siehe doch, wen du so verderbt hast! Sollen denn die Weiber ihres Leibes Frucht essen, die Kindlein, so man auf Händen trägt? Sollen denn Propheten und Priester in dem Heiligtum des HERRN erwürgt werden?

21 Es lagen in den Gassen auf der Erde Knaben und Alte; meine Jungfrauen und Jünglinge sind durchs Schwert gefallen. Du hast erwürgt am Tage deines Zorns; du hast ohne Barmherzigkeit geschlachtet.

22 Du hast meine Feinde umher gerufen wie auf einen Feiertag, daß niemand am Tage des Zorns des HERRN entronnen oder übriggeblieben ist. Die ich auf den Händen getragen und erzogen habe, die hat der Feind umgebracht.

3. Kapitel

Jeremia's Klage und Trost

1 Ich bin ein elender Mann, der die Rute seines Grimmes sehen muß.
2 Er hat mich geführt und lassen gehen in die Finsternis und nicht in Licht.
3 Er hat seine Hand gewendet wider mich und handelt gar anders mit mir für und für.
4 Er hat mir Fleisch und Haut alt gemacht und mein Gebein zerschlagen.
5 Er hat mich verbaut und mich mit Galle und Mühe umgeben.
6 Er hat mich in Finsternis gelegt wie die, so längst tot sind.
7 Er hat mich vermauert, daß ich nicht heraus kann, und mich in harte Fesseln gelegt.
8 Und wenn ich gleich schreie und rufe, so stopft er die Ohren zu vor meinem Gebet.
9 Er hat meinen Weg vermauert mit Werkstücken und meinen Steig umgekehrt.
10 Er hat auf mich gelauert wie ein Bär, wie ein Löwe im Verborgenen.
11 Er läßt mich des Weges fehlen. Er hat mich zerstückt und zunichte gemacht.
12 Er hat seinen Bogen gespannt und mich dem Pfeil zum Ziel gesteckt.
13 Er hat aus dem Köcher in meine Nieren schießen lassen.

14 Ich bin ein Spott allem meinem Volk und täglich ihr Liedlein.

15 Er hat mich mit Bitterkeit gesättigt und mit Wermut getränkt.

16 Er hat meine Zähne zu kleinen Stücken zerschlagen. Er wälzt mich in der Asche.

17 Meine Seele ist aus dem Frieden vertrieben; ich muß des Guten vergessen.

18 Ich sprach: Mein Vermögen ist dahin und meine Hoffnung auf den HERRN.

19 Gedenke doch, wie ich so elend und verlassen, mit Wermut und Galle getränkt bin!

20 Du wirst ja daran gedenken; denn meine Seele sagt mir es.

21 Das nehme ich zu Herzen, darum hoffe ich noch.

22 Die Güte des HERRN ist's, daß wir nicht gar aus sind [Die Gnaden-erweisungen des HERRN sind noch nicht erschöpft (8)]; seine Barmherzigkeit hat noch kein Ende,

23 sondern sie ist alle Morgen neu, und deine Treue ist groß.

24 Der HERR ist mein Teil, spricht meine Seele; darum will ich auf ihn hoffen.

25 Denn der HERR ist freundlich dem, der auf ihn harrt, und der Seele, die nach ihm fragt.

26 Es ist ein köstlich Ding, geduldig sein und auf die Hilfe des HERRN hoffen.

27 Es ist ein köstlich Ding einem Mann, daß er das Joch in seiner Jugend trage;

28 daß ein Verlassener geduldig sei, wenn ihn etwas überfällt,

29 und seinen Mund in den Staub stecke und der Hoffnung warte

30 und lasse sich auf die Backen schlagen und viel Schmach anlegen.

31 Denn der HERR verstößt nicht ewiglich;

32 sondern er betrübt wohl, und erbarmt sich wieder nach seiner Güte.

33 Denn er nicht von Herzen die Menschen plagt und betrübt,

34 als wollte er die Gefangenen auf Erden gar unter seine Füße zertreten

35 und eines Mannes Recht vor dem Allerhöchsten beugen lassen

36 und eines Menschen Sache verkehren lassen, gleich als sähe es der HERR nicht.

[33 Denn nicht von Herzen hat er erniedrigt und die Menschen in Kummer gestürzt.

34 Dass man unter seinen Füssen alle Gefangenen des Landes zertritt,

35 dass man das Recht eines Mannes beugt vor dem Angesicht des Höchsten,

36 dass man einen Menschen behindert bei seinem Rechtsstreit - das sollte der Herr nicht sehen? (9)]

37 Wer darf denn sagen, daß solches geschehe ohne des HERRN Befehl

38 und daß nicht Böses und Gutes komme aus dem Munde des Allerhöchsten?

39 Wie murren denn die Leute im Leben also? Ein jeglicher murre wider seine Sünde!

40 Und laßt uns erforschen und prüfen unser Wesen und uns zum HERRN bekehren!

41 Laßt uns unser Herz samt den Händen aufheben zu Gott im Himmel!

42 Wir, wir haben gesündigt und sind ungehorsam gewesen; darum hast du billig nicht verschont; [Wir sind es, die abtrünnig und ungehorsam gewesen sind; du aber hast nicht verziehen (10)]

43 sondern du hast uns mit Zorn überschüttet und verfolgt und ohne Barmherzigkeit erwürgt.

44 Du hast dich mit einer Wolke verdeckt, daß kein Gebet hindurch konnte.

45 Du hast uns zu Kot und Unflat gemacht unter den Völkern.

46 Alle unsre Feinde sperren ihr Maul auf wider uns.

47 Wir werden gedrückt und geplagt mit Schrecken und Angst.

48 Meine Augen rinnen mit Wasserbächen über den Jammer der Tochter meines Volks.

49 Meine Augen fließen und können nicht ablassen; denn es ist kein Aufhören da,

50 bis der HERR vom Himmel herabschaue und sehe darein.

51 Mein Auge frißt mir das Leben weg um die Töchter meiner Stadt.

52 Meine Feinde haben mich gehetzt wie einen Vogel ohne Ursache;

53 sie haben mein Leben in einer Grube fast umgebracht und Steine auf mich geworfen;

54 sie haben mein Haupt mit Wasser überschüttet; da sprach ich: Nun bin ich gar dahin.

55 Ich rief aber deinen Namen an, HERR, unten aus der Grube,

56 und du erhörtest meine Stimme: Verbirg deine Ohren nicht vor meinem Seufzen und Schreien!

57 Du nahest dich zu mir, wenn ich dich anrufe, und sprichst: Fürchte dich nicht!

58 Du führest, HERR, die Sache meiner Seele und erlösest mein Leben.

59 Du siehest, HERR, wie mir so Unrecht geschieht; hilf mir zu meinem Recht!

60 Du siehst alle ihre Rache und alle ihre Gedanken wider mich.

61 HERR, du hörest ihr Schmähen und alle ihre Gedanken über mich,

62 die Lippen meiner Widersacher und ihr dichten wider mich täglich.

63 Schaue doch, sie sitzen oder stehen auf, so singen sie von mir ein Liedlein.

64 Vergilt ihnen, HERR, wie sie verdient haben!

65 Laß ihnen das Herz erschrecken, laß sie deinen Fluch fühlen!

66 Verfolge sie mit deinem Grimm und vertilge sie unter dem Himmel des HERRN.

4. Kapitel

Elend und Schmach Juda's

1 Wie ist das Gold so gar verdunkelt und das feine Gold so häßlich geworden und liegen Steine des Heiligtums vorn auf allen Gassen zerstreut!

2 Die edlen Kinder Zions, dem Golde gleich geachtet, wie sind sie nun den irdenen Töpfen gleich, die ein Töpfer macht!

3 Auch Schakale reichen die Brüste ihren Jungen und säugen sie; aber die Tochter meines Volks muß unbarmherzig sein wie ein Strauß in der Wüste. [doch die Töchter meines Volkes sind gefühllos geworden wie die Strauße in der Wüste. (11)]

4 Dem Säugling klebt seine Zunge am Gaumen vor Durst; die jungen Kinder heischen Brot, und ist niemand, der es ihnen breche.

5 Die zuvor leckere Speise aßen, verschmachten jetzt auf den Gassen; die zuvor in Scharlach erzogen sind, die müssen jetzt im Kot liegen. [die sich auf Purpurkissen hegen ließen, betten sich jetzt auf Düngerhaufen; (12)]

6 Die Missetat der Tochter meines Volks ist größer denn die Sünde Sodoms, die plötzlich umgekehrt ward, und kam keine Hand dazu.

7 Ihre Fürsten waren reiner denn der Schnee und klarer denn Milch; ihre Gestalt war rötlicher denn Korallen; ihr Ansehen war wie Saphir.

8 Nun aber ist ihre Gestalt so dunkel vor Schwärze, daß man sie auf den Gassen nicht kennt; ihre Haut hängt an den Gebeinen, und sind so dürr wie ein Scheit.

9 Den Erwürgten durchs Schwert geschah besser als denen, so da Hungers starben, die verschmachteten und umgebracht wurden vom Mangel der Früchte des Ackers.

10 Es haben die barmherzigsten Weiber ihre Kinder selbst müssen kochen, daß sie zu essen hätten im Jammer der Tochter meines Volks.

11 Der HERR hat seinen Grimm vollbracht; er hat seinen grimmigen Zorn ausgeschüttet; er hat zu Zion ein Feuer angesteckt, das auch ihre Grundfesten verzehrt hat.

12 Es hätten's die Könige auf Erden nicht geglaubt noch alle Leute in der Welt, daß der Widersacher und Feind sollte zum Tor Jerusalems einziehen.

13 Es ist aber geschehen um der Sünden willen ihrer Propheten und um der Missetaten willen ihrer Priester, die darin der Gerechten Blut vergossen.

14 Sie gingen hin und her auf den Gassen wie die Blinden und waren mit Blut besudelt, daß man auch ihre Kleider nicht anrühren konnte;

15 man rief sie an: Weicht, ihr Unreinen, weicht, weicht, rührt nichts an! Wenn sie flohen und umherirrten, so sagte man auch unter den Heiden: Sie sollten nicht länger dableiben.

16 Des HERRN Zorn hat sie zerstreut; er will sie nicht mehr ansehen. Die Priester ehrte man nicht, und mit den Alten übte man keine Barmherzigkeit.

17 Noch gafften unsre Augen auf die nichtige Hilfe, bis sie müde wurden, da wir warteten auf ein Volk, das uns doch nicht helfen konnte.

18 Man jagte uns, daß wir auf unsern Gassen nicht gehen durften. Da kam auch unser Ende; unsre Tage sind aus, unser Ende ist gekommen.

19 Unsre Verfolger waren schneller denn die Adler unter dem Himmel; auf den Bergen haben sie uns verfolgt und in der Wüste auf uns gelauert.

20 Der Gesalbte des HERRN, der unser Trost war, ist gefangen worden, da sie uns verstörten; des wir uns trösteten, wir wollten unter seinem Schatten leben unter den Heiden.

[Unser Lebensodem, der Gesalbte des HERRN, wurde in ihren Gruben gefangen, er, von dem wir dachten: »In seinem Schatten werden wir leben unter den Völkern!« (12)]

21 Ja, freue dich und sei fröhlich, du Tochter Edom, die du wohnst im Lande Uz! denn der Kelch wird auch über dich kommen; du mußt auch trunken und entblößt werden.

22 Aber deine Missetat hat ein Ende, du Tochter Zion; er wird dich nicht mehr lassen wegführen. Aber deine Missetat, du Tochter Edom, wird er heimsuchen und deine Sünden aufdecken.

5. Kapitel

*Gebet des gedrückten Volkes
um Gnade und Hilfe*

1 Gedenke, HERR, wie es uns geht; schaue und siehe an unsre Schmach!

2 Unser Erbe ist den Fremden zuteil geworden und unsre Häuser den Ausländern.

3 Wir sind Waisen und haben keinen Vater; unsre Mütter sind Witwen.

4 Unser Wasser müssen wir um Geld trinken; unser Holz muß man bezahlt bringen lassen.

5 Man treibt uns über Hals [Die uns verfolgen, sitzen uns im Nacken (14)]; und wenn wir schon müde sind, läßt man uns doch keine Ruhe.

6 Wir haben uns müssen Ägypten und Assur ergeben, auf daß wir Brot satt zu essen haben.

7 Unsre Väter haben gesündigt und sind nicht mehr vorhanden, und wir müssen ihre Missetaten entgelten.

8 Knechte herrschen über uns, und ist niemand, der uns von ihrer Hand errette.

9 Wir müssen unser Brot mit Gefahr unsers Lebens holen vor dem Schwert in der Wüste.

10 Unsre Haut ist verbrannt wie in einem Ofen vor dem greulichen Hunger.

11 Sie haben die Weiber zu Zion geschwächt und die Jungfrauen in den Städten Juda's.

12 Die Fürsten sind von ihnen gehenkt, und die Person der Alten hat man nicht geehrt.

13 Die Jünglinge haben Mühlsteine müssen tragen und die Knaben über dem Holztragen straucheln [und Knaben stürzen unter der Holzlast zu Boden. (15)].

14 Es sitzen die Alten nicht mehr unter dem Tor, und die Jünglinge treiben kein Saitenspiel mehr.

15 Unsers Herzens Freude hat ein Ende; unser Reigen ist in Wehklagen verkehrt.

16 Die Krone unsers Hauptes ist abgefallen. O weh, daß wir so gesündigt haben!

17 Darum ist auch unser Herz betrübt, und unsre Augen sind finster geworden

18 um des Berges Zion willen, daß er so wüst liegt, daß die Füchse darüber laufen.

19 Aber du, HERR, der du ewiglich bleibst und dein Thron für und für, [Du, HERR, bleibst in Ewigkeit, dein Thron bleibt von Generation zu Generation. (16)]

20 warum willst du unser so gar vergessen und uns lebenslang so gar verlassen?

21 Bringe uns, HERR, wieder zu dir, daß wir wieder heimkommen; erneuere unsre Tage wie vor alters!

22 Denn du hast uns verworfen und bist allzusehr über uns erzürnt.

Anhang und Register

Der Prophet Jeremia

(1) Menge Bibel

(2) worfeln, Verb, (das ausgedroschene Getreide) mit einer Schaufel gegen den Wind werfen, um so die leichtere Spreu von den schwereren Körnern zu trennen

durch Schwingen oder Worfeln ausgesondert - Getreide von der Spreu trennen, auch: gesondert, getrennt; geprüft, erwogen.

(3) Elberfelder Bibel

(4) vergleiche Bibelübersetzungen

(5) Elberfelder Bibel

(6) Züricher Bibel

(7) Züricher Bibel

(8) Menge Bibel

(9) Züricher Bibel

(10) Menge Bibel

(11) Schlachter 2000, Menge Bibel - alle anderen Ausgaben reden hier in der Vergangenheitsform

(12) Elberfelder Bibel

(13) Elberfelder, Züricher, Menge Bibel und Schlachter 2000, vergleiche weitere Bibelübersetzungen

(14) Elberfelder, Züricher, Menge Bibel und Schlachter 2000, vergleiche weitere Bibelübersetzungen

(15) Sabbatjahr, siehe auch: Sabbatical

(16) Züricher Bibel

(17) Tartschen sind Schildformen, die ab der Mitte des 14. Jahrhunderts verwendet wurden, und die sich ursprünglich durch eine Einkerbung für die Lanze oder den Degen, die sogenannte Speerruhe oder Degenbrecher, auszeichneten und die gegnerische Waffe abfangen sollten.

(18) Der Schröter (auch Bierschröter, Weinschröter oder Weinzieher) war ein Transportberuf. Die Aufgabe des Schröters war es, Bier oder Wein im Fass vom Keller zum Schiff oder Wagen und vom Wagen wieder in einen Keller zu „schroten".

Dieses Wort stammt aus dem Mittelhochdeutschen und bedeutet „eine schwere Last mit Hilfe eines Schrotbaums oder einer Schrotleiter fortbewegen".

(19) Menge Bibel

(20) Züricher Bibel

(21) Elberfelder Bibel

Die Klagelieder des Jeremia

(1) Züricher Bibel

(2) Elberfelder Bibel

(3) Menge Bibel

(4) Elberfelder Bibel

(5) **Keltern bedeutet** das Auspressen des Saftes aus den Beeren bei der Weinherstellung. Der Begriff leitet sich aus dem lateinischen Wort „calcare" ab, was zu Deutsch „stampfen" **bedeutet**.

Der **Kelter**, eine mechanische Hebepresse, vereinfacht dabei das Pressen der Beeren.

Quelle: capreo.com

(6) Menge Bibel

(7) Menge Bibel

(8) Menge Bibel

(9) Züricher Bibel

(10) Menge Bibel

(11) Menge Bibel

(12) Menge Bibel

(13) Menge Bibel

(14) Züricher Bibel

(15) Elberfelder Bibel

(16) Züricher Bibel